U0662169

IF YOU'RE SO SMART:

THE NARRATIVE
OF ECONOMIC EXPERTISE

经济学家的叙事

如果你那么聪明

〔美〕迪尔德丽·Z.麦克洛斯基

马俊杰 —— 译

著

GUANGXI NORMAL UNIVERSITY PRESS
广西师范大学出版社
·桂林·

如果你那么聪明
RUGUO NI NAME CONGMING

IF YOU'RE SO SMART: The Narrative of Economic Expertise
Licensed by The University of Chicago Press, Chicago, Illinois, U.S.A.
© 1990 by The University of Chicago. All rights reserved.
著作权合同登记号桂图登字：20-2016-256 号

图书在版编目（CIP）数据

如果你那么聪明：经济学家的叙事 /（美）迪尔德
丽·N.麦克洛斯基著 ；马俊杰译. —桂林：广西师范大
学出版社，2020.4
书名原文: If You're So Smart: The Narrative of
Economic Expertise
ISBN 978-7-5598-2657-2

Ⅰ. ①如... Ⅱ. ①迪...②马... Ⅲ. ①经济学—修辞
—研究 Ⅳ. ①F0

中国版本图书馆 CIP 数据核字（2020）第 035883 号

广西师范大学出版社出版发行

（广西桂林市五里店路 9 号　邮政编码：541004）
网址：http://www.bbtpress.com
出版人：黄轩庄
全国新华书店经销
广西广大印务有限责任公司印刷
（桂林市临桂区秧塘工业园西城大道北侧广西师范大学出版社
集团有限公司创意产业园内　邮政编码：541199）
开本：880 mm × 1 240 mm　1/32
印张：8.5　　　字数：150 千字
2020 年 4 月第 1 版　　2020 年 4 月第 1 次印刷
印数：0 001~4 000 册　　定价：59.00 元
如发现印装质量问题，影响阅读，请与出版社发行部门联系调换。

序　言

　　经济学家在他们的学科中讲故事，这没什么不好。大家都会讲故事：学步的小孩会念叨划破的膝盖，古生物学家则会念叨熊猫的大拇指……故事有好有坏。经济学或者其他学科中的故事如果讲得不好，就有可能带来麻烦。最糟糕的情况是，讲故事的人觉得故事是"类型化事实（stylized facts）"或者"事物的近似"或者其他不会受到批判性审视的东西。未经审视的故事不值得读。

　　这里的批评是文学意义上的，显示了经济学和其他人类科学都要依赖隐喻和故事，两者缺一不可。一种修辞可以被用来批评另一种，而且结果更好。那些认识到自己文学才能的专家，不会再去兜售万金油（snake oil），而是回到人类的对话中来。在人类的对话中，他们如鱼得水，而我们也能清楚看见他们的所作所为。这个建议适用于所有专家，不管是经济学专家还是其他专家。虽然经济学家这样做很难，但它却很值得我们去做。

这本书起初只是收集了我在过去几年里为各类读者所写的一些文章，但重写则是为了面向一般读者。国家科学基金会（National Science Foundation）的经济学项目为本书提供了部分支持，曼哈顿研究所（Manhattan Institute）的国家研究经费也给了我帮助。密歇根人文研究所（Michigan Institute for the Humanities）在繁忙的学期中给了我一处清静之所。我要感谢的人实在太多，难以尽述。这本书其实是与我熟识的无数经济学家和英文教授共同写就的。其中一位经济学家是乔治·华盛顿大学的阿尔若·克拉梅尔教授（Arjo Klamer）。他是我在爱荷华写作时的同事，他给了我非同寻常的帮助。我要对一位英语教授——耶鲁大学的托马斯·格林教授（Thomas Greene），表示特别的感谢：谢谢他在 1988 年在达特茅斯夏季批评和理论学校开设的诗歌与魔术课程！本书第七章展示的是他的渊博学识，而不是我的。我必须感谢芝加哥大学出版社的道格拉斯·米歇尔（Douglas Mitchell）和自由出版社的彼得·多尔蒂（Peter Dougherty），他们让我看到他们是如何对一本书稿进行提炼的。芝加哥大学出版社的朱莉·麦卡锡（Julie McCarthy）对我的文字进行了润色。我的学生查尔斯·阿博特（Charles Abbott）为我提供了我的经济学教材《应用价格理论》（*The Applied Theory of Price*）中的一系列故事，若非如此，我要花很大工夫才能看到。

我要感谢以下各位（允许我老调重弹）：感谢劳特利奇出版社俯允，让我得以使用《经济学的讲故事》（Storytelling in Economics)中的部分内容，也就是克里斯托弗·纳什（Christopher Nash）和马丁·沃纳（Martin Warner）编辑的《文化中的叙述》（*Narrative in Culture*）（London：Routledge，1989）第 1 章和第 2 章；感谢麦克米伦出版公司，允许我使用《新帕尔格雷夫：经济学词典》（*The New Palgrave：A Dictionary of Economics*）（London：Mcmillan；New York：Stockton Press，1987）第 6 章中有关"连续性"（continuity）和"反事实"（counterfactual）的内容；感谢《美国学者》（*The American Scholar*），同意我使用《专业知识的极限：如果你那么聪明》（The Limits of Expertise：If You're So Smart）中的第 57 页（Summer，1988）、第 393—406 页、第 8 章和第 9 章；感谢《加图学刊》（*The Cato Journal*），俯允我使用《经济发展的修辞》（The Rhetoric of Economic Development）第 7 期（Spring/Summer 1987）中的第 249—254 页。

我这番沉思的背景是有关质询的修辞项目（Project on Rhetoric of Inquiry），人称"Poroi"（希腊词，意为"方式和手段"）。Poroi 项目的团队由一百名左右的法学、数学、统计学、文学、历史学、写作、工程学、哲学、政治科学、传媒学教授，和爱荷华大学及十几位附近院校的其他领域学者所组成。这些教授自 1980 年起，冬夏两季隔两周聚会一次，探讨他们所说的"质询的修辞"问题，逐行逐行地考察其同人的论文。他们最终发现的是本应该在一开始就十分明显的结论（教授可能也会很迟钝，受到他们学科专长的影响）：科学家和学者、诗人和政客至少在说理的艺术上有很多共同之处。

人们在"修辞"中研究说理的艺术已经有 2500 年之久，这个古老的词汇后来甚至成了不光彩的贬义词。修辞学认为，我们对政治或者证据的平衡可以有十分尖锐的异见，但仍可以停下来一起心平气和地讨论如何改善说理的形式。修辞是民主的艺术，也是人文教育的科学，是善意的人们辩论的艺术和科学。

本书献给我在爱荷华大学的同人，他们善良、仁义而博学。他们和其他人在讲述一个新故事，一个适合其中西部发源的务实的故事，一个有关恰当的观点如何在民间甚至是在愤怒而受到诸多干扰的学者之间传播的故事。

目 录

家。历史经济学中就有经济学故事,比如那些有关英国跌下第
一名的故事。

介　绍

显而易见，经济学家就像诗人一样，会使用隐喻。这些隐喻叫作模型。经济学家说，纽约的公寓市场，就像黑板上的一条曲线。但迄今为止，还没人看到这么一条实实在在的曲线飘过曼哈顿的天空。这是隐喻。

有个类似的说法虽不确切，但却是真的。这个说法是，经济学家就像小说家一样，会使用或者误用故事。很久很久以前我们很穷，接着资本主义大发展，现在大家都富裕起来了。有的经济学家则会讲一个反资本主义的故事。但只要是经济学家就会讲故事。当然了，事实和逻辑也会出现在故事中，而且往往非常多。经济学是一门科学，而且是一门非常不错的学科。但是经济学中的严肃论证也会用到隐喻和故事——这么做并不仅仅为了修饰或者说教，而是为了这门学科本身。

但就像别的艺术和科学一样，经济学会用到全部四种修辞法宝：事实（fact），逻辑（logic），隐喻（metaphor），故事（story）。仅用其中一部分是不够的。四样法宝中的所谓科学的两个——事实和逻辑，在经济学中是远远不足的，甚至对研究岩石和星球的科学而言也是。而所谓人文的两个也同样不能满足经济学的需求，甚至不足以对形状和颜色加以足够的批判。科学家、学者和艺术家最好既重视事实又讲求逻辑。但这里要强调的是，他们最好也有文采。科学家最好能够熟练运用隐喻和精彩的故事，来描述宇宙最初三分钟或者经济崩溃前最后三个月是什么样子。一个只具有四样法宝中的两样的科学家，肯定会把自己的学问做得一团糟。

要抓到经济学家（作为优秀的科学家）在他们自己的研究中讲故事是再简单不过了。外行更容易看出这一点，因为经济学家往往被训练到自认为自己是在使用隐喻而非讲故事。经济学家执迷于飘在空中的供需关系模型。

经济学家往往花上大量时间重新叙述非经济学家讲的有关经济的故事。比如，很久以前，经济似乎还不错，但当时有个不明显的货币问题未得到重视；不久，这个货币问题爆发了，因此，每个人都变贫穷了。而经济学家彼此之间则讲这样的故事：很久以前，有一个不均衡的生猪市场，然后卖方降低生猪价格，结果，市场回到均衡状态。很久以前，政府自作聪明地认为，为了实现完全就业，应该降低税率，但公众已经提前预感到政府的举措，结果是，自作聪明的政府未能斗过聪明的老百姓。很久以前，某个东亚国家很穷，然后这个国家努力学习，存了很多钱，同时吸收外国投资和先进理念，最终自身也变得富裕起来。这些故事并不是要和《李尔王》或者《新约》这样的图书争夺市场，但不管怎么说，这就是经济学家所讲的故事。

讲故事的是人而不是上帝。故事并不是大自然创造的种种既定事实。故事的技法并不使故事显得随心所欲，而只是让故事更多种多样。古生物学家受到真正发生在生命上的事件的限制，以及他认为相关的逻辑与隐喻的限制。但不管怎么说，古生物学家还是能够基于同样的事实，讲出不同的故事，或者是渐进主义的，或者是突变主义的，就像用慢镜头一帧一帧地放电影和像卡通片那样连续不停一样。在地理学中，地球板块运动的故事在成为主流之前，是由无数补忽视的疯子执着讲述的。同样的事在经济学中也屡见不鲜。故事的多元并不意味着各种各样的故事一样好或者一样重要，就像事实、逻辑和隐喻虽然多样，但却并不一样好或者一样重要一样。然而，要评论这些林林总总的故事，你就得知道人们是怎样讲这些故事的。

故事会出问题，这也不足为怪。我们每天都沉浸在骗子、跛脚鸭和自以为是的人所讲的烂故事里。在经济学中，坏故事还有一种尤其危险的形式。我管它叫万金油，也就是号称包治百病的良药。

消费者总指望经济学家是永远正确的预言家，讲最简单也最引人入胜的经济学故事：很久以前有个读报纸的人很穷；后来她读了一个睿智的经济学家的专栏，与其他两百万读者一样得到了宝贵的建议；现在她变得十分富有。或者：很久以前有个王国的老百姓不学无术，只喜欢吸可卡因或者看音乐录像；后来国王请来一位学识渊博的社会工程学专家；再后来这个王国的人民变得富裕了，当然，他们并没有经历痛苦的学习过程。

也就是说，经济学的万金油十分畅销，是因为公众渴望得到它。公众之所以渴望，是因为魔术师和术士一直以来都用这种把戏消除人们心中的某种恐惧，也因为公众并不知道讲经济学故事的局限。即使那些并没打算走上兜售万金油之路的经济学家，也因为所受的训练而对这局限一无所知。这些经济学家并不知道他们在讲故事，因而也无力辨别好故事和坏故事。

换句话说，关于现代生活的一个坏故事有一个美好的结局：那些专家（比如那些分析下月利率暴涨的专家）让我们感到温暖和快乐。最近已然让我们感到温暖和快乐的物理工程学的类比真是让人难以抗拒。社会工程师则承诺用神明般的专业知识来处理经济、战争或者文化事务。但总的来说，这是一个错误的、瞎胡闹的故事，一个恶毒的童话。而且说实话，专家讲的社会工程学故事简直不可思议。它甚至没法回答人们最简单的质疑：如果你那么聪明，为什

么会没钱呢？（ If You're So Smart,why ain't you rich? ）[1]

　　人们指望经济学家像政府顾问或者社会哲学家那样，但他们讲的魔法故事与他们在自己的学问里的隐喻，说好听点是令人尴尬，说难听点是惨不忍睹。同样，这些隐喻在合理的故事面前都站不住脚。如果经济学隐喻用过了头，就像有 500 个方程的美国经济模型那样，经济学故事就会一塌糊涂。而像美国从全球第一的经济地位上跌下来这样的故事，也与我们认为正确的经济成熟和国际分工的隐喻相违背。在 20 世纪 60 年代，这个用得很糟糕的 500 个方程的隐喻容易让我们相信巧妙的政策，而不再相信明智的制度。正如在一个世纪之前的英国，美国崛起和衰落的那个坏故事，可能会让美国与"竞争对手们"陷入言辞上的战争或者真刀真枪的战争。

　　这个经济科学中的文学问题的文学答案是：用故事和隐喻来彼此评论。修辞四法宝中的每一种都对另一种的过度使用进行了限制。如果你对故事本身或者隐喻本身特别狂热（或者逻辑本身，或者事实本身），那么你很可能会开始在其他领域讲起傻话或者做出危险的事情来。用这个世纪最普通的故事使用过度的例子来说，雅利安人的故事其实很需要批判。类似的没那么极端的一个例子，是关于越南人身体、心脏和头脑进行有条理的叙述这一隐喻。我们最好恰

1　本书书名即来源于此。（全书所有脚注，都为译者注。）

如其分地、有理有据地对事实加以观察，同时遵循确凿的逻辑，讲述真实的故事，并与建构真实的隐喻相结合。这样一来，虽然故事可能会乏味而节制，但却是真实的。修辞四法宝中的一种会检验另一种的分寸。这种组合会给科学带来真理，给政策带来智慧。

喜剧演员约翰·克里斯（John Cleese）说他希望有一天他能肆无忌惮地演一出尖刻的幽默剧来反对无节制。他想表达的是，温和的多元主义主张和一元论的偏激格格不入（自柏拉图以来，大多数好的观点都是一元论和偏激的）。至于它是否尖刻还不好说。无论如何，他的提议是经济学和其他专业知识应该使用人类理性的所有资源，和修辞的四样法宝。而偏颇地让我们仅仅使用四法宝中的一种，已经让我们承受了损失。它误导我们，让我们建起高耸的贫民窟和高利率经济体，从20世纪50年代开始，它的破坏性越发凸显。

自那个狂热的时代起，经济学就已经坚信将自身修辞局限在事实和逻辑上。经济学后来也采取了暂时窄化的西方文化，即"实证主义"（positivism）或者"现代主义"（modernism）。（Booth，1974；Klamer，1987b；文学上的"现代主义"指的是统一的而非"割裂的"理性，恰恰与"现代主义"在其他领域的意思相反；请见McGrath，1986，第9章）现代主义的根基可追溯到柏拉图和笛卡尔，但全面的现代主义很契合"现代主义"这个名字。在1920年左右的西方世界，一些哲学家突然开始认为他们整个学科可以局限在一种人造的语言中；一些建筑师突然觉得他们可以把整个学科局限到一个方块中；一些画家突然觉得他们的整个主题可以局限在一个平面上。在这种对一切加以局限的过程中，本应出现一些洞见和定见。

洞见（insight）确实出现了 [唉，可惜不是定见（certitude）]。在现代主义之后的哲学里，我们对没有讲话人的语言有了更多的了解。在现代主义之后的建筑中，我们对没有屋顶的建筑有了更多了解。在现代主义之后的绘画中，我们对没有景深的画作有了更多了解。当现代主义的消息在 1950 年左右传到经济学这门学科中时，它也带来了一些很有意义的洞见。在现代主义之后的经济学里，我们对与现实世界毫无联系的各种经济学模型有了更多了解。

但总体而言，这种进行局限的尝试收效有限。现代主义在经济学和其他文化领域的失败并不能说明现代主义不值得尝试。这当然也不能说明我们现在应该摒弃事实和逻辑，平面和方块，或者向凯尔特曲线（Celtic curve）和无理数投降。不管从包豪斯（Bauhaus）、维也纳学派或者改道驾驶[1]身上学到什么，我们都愿意珍惜这些经验。现代主义的失败仅仅表明我们应该回到手头的工作上来，把修辞的四大法宝——事实、逻辑、隐喻和故事全都用好。

这个现代主义试图与所有人类理性能力相协调的试验让我们不

---

[1]　改道驾驶（rat-running），指避开主路，改道次主路或居民区街道，以避开交通拥挤、交通灯或其他障碍。

禁想到美国中西部的一句俗话："不怎么灵光"（a few bricks short of a load）。意思是愚蠢的，不理性的。现代主义企图以理性的名义将我们的思考都加以局限的做法就是不怎么灵光的。承认在人类思辨（reasoning）中使用隐喻和故事是十分重要的，这样做并不会让人们变得不理性或者不讲道理，也不会让我们穿皇袍或者到达"新的维度"（New Dimensions）。恰恰相反，这样做会让我们变得更加理性，更加讲道理，因为这样做让那些可以说服严谨之人的说辞更好地接受审慎的考究。而现代主义仅仅关心思辨中很小的一部分，而对其余大加挞伐。

伯特兰·罗素是哲学现代主义的大师，也是这方面的一个典型例子。（请见 Booth，1974）乔治·桑塔亚纳[1]描述了第一次世界大战期间的罗素，评论他不加思辨（reason）的博闻强记：

> 这信息，即便准确，也必定是片面的，而且用在了偏颇的辩论中；他不可能无所不知，也拒绝无所不知；这样一来，他那些通常建立在这些片面信息上的判断，实则受到狂热偏见的启发，总是有失公允的，甚至有时是疯狂的。比如，他会说，主教们之所以支持战争是因为他们在军火生意中投资了。
> （1986，p.441）

1　乔治·桑塔亚纳（George Santayana，1863—1952），著名西班牙裔美国哲学家、散文家、诗人、小说家。

　　哲学或者后来经济学的现代主义者没办法与他们大多数对手讲道理；大多数情况下，这些现代主义者只会大喊大叫或者嗤之以鼻。他们会说：要是你不觉得在建造达拉斯市中心的时候形态应该服从于功能，那你就是个不讲科学的傻瓜。或者说：要是你不认为政治科学应该只剩下数学，那你就是个无知的混蛋。我们当下需要超越现代主义的轻蔑，而对这些说法持更加严谨和理性的态度。

　　现代主义抓住"科学"这个词大做文章。现代主义者一直用"科学"做托词，对不想听到的观点大加挞伐。在过去一个半世纪的时间里，说英语的人们一直以特有的含义使用这个词，比如在英国学术词汇中，"艺术和科学"指的是：文学和哲学这些"艺术"（arts），与化学和地理学这些"科学"（sciences）相对。英语中的历史地理学家是个科学家，而政治历史学家则不是科学家。英语词汇会让意大利母亲感到困惑，因为意大利母亲会夸赞自己的儿子是"我的科学家"（mio scienziato），也即我的有学问的孩子。意大利语和其他语言（比如法语、德语、荷兰语、西班牙语、瑞典语、波兰语、匈牙利语、土耳其语、韩语、印度语和泰米尔语）在使用科学这个词时仅仅用来表达"系统的探究"（systematic inquiry）。只有英语，而且只有在过去一个世纪中的英语，才使得物理和生物科学 [旧版牛津英语词典（Oxford，

1933）中 5b 的定义] 像附录（Supplement）（1992；比较旧版
牛津英语词典，2d ed. 1989）描述的那样，"是一般用法中的主
要意思"。回到从前"科学"这个词的用意可能会有利于表达理
性和严谨的观点。

　　换句话说，英语和现代主义的错误在于认为科学和文学是两
种文化（Two Cultures）。"两种文化"这种说法并非木该如此，
却十分常见，而且得到院长们的提倡。一位大型公立大学的研究院
长很多年前发表讲话，她说人文学科是科学（物理和生物）以及社
会科学之外剩下的东西，且极尽修辞之能事。在她看来，人文学科
描述的都是神秘和难以言喻的东西。这位院长认为自己的评价还是
善意的。而对人文学科充满恶意的各方所做的评价就更恶毒了：
我们提到隐喻的时候，实际上是要倒向一种文绉绉的非理性（arty
irrationalism）；而我们提到逻辑的时候，则近乎偏向科学的自闭
（scientific autism）。

　　我们很想把持有这两种看法的人摇醒，警告他们严肃一点。各
种科学，比如经济学，在本学科之中都要用到人们所说的人文方法；
同样，各种艺术和人文学科在自身实践中也需要用到事实和逻辑。
牛顿用过逻辑和隐喻；达尔文用过事实和故事。科学是文学的，在
日常研究中需要用到隐喻和故事，而文学也是科学的。

　　当然，若从文学角度看待科学，比如经济学，新近且让人倍

感负罪感的规则体系则很容易受到颠覆。一个世纪以来，英语中一直试图明确划分科学和文化的其他部分。这样做其实十分诡异，因为科学毕竟还是一门辩论艺术（a matter of arguing）。辩论的古老分类还是可行的 [请见 Perelman 和 Olbrechts-Tyteca，1969（1958）；Perelman，1982；Booth，1974；Kennedy，1984；McKeon，1987；Nelson，Megill，和 McCloskey 等，1987；Vickers，1988，以及很多在修辞学复兴中产生的其他作品]。

我们应该在一个完整的心理学体系中认识故事（Gergen 和 Gergen，1986；Bruner，1986）；因此，我们也应该在完整的现代主义之后的经济学中认识故事（Klammer，McCloskey，和 Solow 等编辑，1988）。一个徒弟问师父，地球在宇宙中是靠什么支撑起来的。师父信口答道："是巨大的乌龟用背驮着。"徒弟先是对答案感到很满意，但很快意识到有问题。乌龟是靠什么支撑起来的呢？师父犹豫了一下，说："靠大象驮着。"很好。但徒弟又有了其他疑问："那么大象是靠什么支撑起来的呢？"师父思考了很久。说："最上面的大象是靠脚下的大象驮着，脚下的大象靠的是再下面的大象驮着：你看，自始至终都是大象在驮着。"把科学建立在龟背上不是什么好主意。科学自始至终是修辞，是人的辩论，一以贯之（Campbell，1987；Davis 和 Hersh，1987；Laudau，1987；Bazerman，1987，1988；Klamer，1987a；Carlston，1987；Galison，1987；Collins，

1985）。

甚至，有些非常普通的辩论有时也会用到在外行看来完全不能理解的修辞工具，以及用古代修辞学的词汇所表达的"独特话题"（special topics）等。律师会使用只有他们明白的案例，数学家则会使用各种特别的定理。所有科学群体都有自己的语言 [不能用"行话"（jargon）将它们一笔带过]，也有自己独特的话题。

然而在辩论的其他地方，律师和数学家也会使用别人一目了然的工具，即"普通话题"（common topics）。诉诸先例在法律中十分普通，它在法院和法律刊物之外的日常生活中也很常见。同样，数学家几乎每天都引用权威理论和观点，而不是数学家的人也会诉诸权威。经济学中有些部分会使用特殊话题。但有些最好的观点是普通话题。经济学和其他学科也同样会用到人类思辨（human reasoning）。

在我自己的经济学和经济学历史研究中，我也有很多极具说服力的理由，去使用新古典、芝加哥学派、自由市场、量化和数学方法等来讲述故事，比如 19 世纪晚期英国经济衰退的故事，并将这个故事与美国最近发生的事联系起来。对此，我的马克思主义、奥地利学派、制度经济学派和非芝加哥学派以及非经济学家的朋友们并不总是赞同我的这种做法，而当我理解了他们的故事时，他们在某一点上说服了我。但是，除非我们意识到经济学和其他学科在讲故事，要不然会觉得它们没什么道理（很不合常理）。我们也无法知道我们是否那么聪明。而那号称能够在华盛顿或者得梅因治好我们所有疾病的万金油，也将一直是致命的隐秘毒药。

第一章

用经济学的方法讲故事

螃蟹的蜕皮腺（molting glands）很大，这让螃蟹成为研究腺体的好对象（Spaziani 等，1989）。我们可能只有两种了解螃蟹腺体和其他部分的方式：要么通过使用隐喻，要么通过讲故事，比如用诗歌或者通过小说之类。当人们问生物学家，为什么螃蟹的蜕皮腺分布在那个特定部位的时候，他有两个选择。他可以用一个螃蟹内部器官位置的模型——一个隐喻或者明喻来说明蜕皮腺分布在那个位置将使其在发挥作用的时候效率最高；他还可以讲一个故事，用现实或者虚拟的方式，讲讲改变了蜕皮腺位置的螃蟹是如何死掉的。要是这个生物学家在使用模型的时候走运的话，他会发现有一个简单解的方程组；要是这个生物学家在讲故事的时候走运的话，他会发现螃蟹蜕皮腺位置偏离造成损害并死去的真实历史证据。遵循事实和逻辑原则的隐喻和故事，模型和历史，是回答"为什么"的两种方式。

隐喻性的问题和叙述性的问题能够为彼此提供解答。假设生物学家首先使用隐喻，也即他想象和假设的螃蟹将身体的一部分移到另一个地方，来寻找蜕皮腺的最佳位置。听者仍感到疑惑并问"但为什么呢"，生物学家就用一个故事来回答这个新问题。他说："腺体之所以必须处在合适的位置上，是因为如果螃蟹的腺体位置不恰当，时间久了会导致它们灭绝。"故事可以回答模型的问题。

但类似的，模型也可以回答故事的问题。如果生物学家先给出生物演化的故事，那么听者会问："但为什么呢？"生物学家接着用隐喻回答道："螃蟹之所以灭亡是因为在螃蟹生命中的紧急情况下，位置不当的腺体不能充分发挥作用。"腺体的位置就不恰当了：这就是原因。

在不同的科学（在新近英语的含义上）里面，隐喻主要应用在物理学中，而故事则主要用在生物学中。二者可以加以融合；只要人们认为隐喻和故事可以回答彼此的问题，那么就能保证它们得以融合。孟德尔（Gregor Mendel）在 19 世纪 60 年代基因学上的思考是生物学单纯建模的一个罕见例子，将遗传想象成"就像"掷骰子那样。几十年之后，他的隐喻由一个更常见的故事得以回答，后来人们都开始信服他的遗传学思想。1902 年，沃尔特·萨顿（W. S. Sutton）终于从蚂蚱身上观察到一对同源染色体。"为什么孟德尔的基因模型有用？"对于这个向隐喻提出的问题，萨顿用一个故事来回答："因为，首先基因是由一对对染色体构成的，而我已经观察到这些染色体分裂和变换的小故事，子代从双亲中各获得一半染色体。"

这种论证模式在经济学中得到更大程度的平衡。在解释美国内战前南方棉花种植的成功时，经济学家用的是静态模型化的语言（他会说，1860年，美国南方在棉花种植上具有比较优势），或者用动态讲故事的方式加以理解（他会说，1860年的情形其实是对这些地区更早期的成功案例的一种自然选择）。而最好的经济学会将静态模型和动态故事，也即经济学理论和经济史融合在一起。举个例子，1920年奥地利经济学家米塞斯（Ludwig von Mises）就社会主义下经济计算的不可行写了一篇论文（这篇论文对20世纪80年代末90年代初的情形有先见之明）。这篇论文既是一个关于盲目相信能够找到一种替代市场的经济解决方案终将失败的模型，又是一个有关战时共产主义（War Communism）终将失败的故事。（Lavoie，1985，p.49）

经济学和其他领域的隐喻有其固有的比较优势。（在这里我既可以用一个科学史中进化的故事，又可以举一个社会学或者哲学中最大化模型的例子。）在预测大海中的波浪和市场中的短缺现象时，隐喻再合适不过了，它们能模拟出非现实世界中的情形。

17世纪时，物理学家抛弃了故事，转而对模型青睐有加，他们放弃使用故事这种叙述性方式解释重力如何拉动物体下落。他们会说：根据这样或者那样的方程式，重力就会拉动物体下落；让我给你看看这个模型吧。同样，经济学家可以论证，对公寓价格加以管制会造成短缺。不要接着问为什么会这样。他们会说：根据这样或者那样的方程式，价格管制就会造成短缺；让我给你看看这个模型吧。

另一方面，在理解已经发生过的事情时，讲故事十分合适，比如螃蟹的演化或者现代企业的发展。达尔文式的故事广为人知的特点是缺乏模型，因而也缺乏预测。孟德尔的模型通过隐喻提供了对豌豆和人的后代性征的解释，而不是使用故事，所以他的模型尘封了数十年，而那几十年间，自然选择论大行其道。

因此，我们可以认为经济学的模型是隐喻，是经济学的"诗学"（poetics）（McCloskey，1985 a）。一个隐喻使"两个独立的领域融合为一个认知和情感的关联，而方式就是用直接适用于其中一个领域的语言，作为观察另一个领域的透镜"（Black,1962，p. 236）。另一方面，故事对时间顺序将一个领域中各种未经修饰的经历陈列出来。这是一种"有时序的或与时间相关的经历的呈现，这经历能够补充、重组、加强或者诠释未经叙述的生活"（Booth，1988,p.14）。将二者结合起来的尝试野心勃勃，也更加令人感到满意。一则寓言能够结合隐喻（乌龟和兔子就像拟人化的赛跑选手一样）和故事（很久很久以前，乌龟和兔子赛跑，后来兔子停下来睡了一觉，结果行动缓慢但一直不停向前爬的乌龟赢得了比赛）。例如，经济学总体而言就是一则有关自利（self-interest）的寓言。

　　经济学家生活中的故事可以勾勒出经济学在发挥作用时所具有的诗的美感。第二次世界大战结束后不久，日后获得诺贝尔经济学奖的农业经济学家西奥多·舒尔茨（Theodore Schultz），在亚拉巴马州的奥本大学度过了一段时间，他调查了当地的农民。（Schultz，1988）有一天，他采访了一对穷困的农民老夫妇，并惊讶于他们对生活的满足。"你们生活这么贫困，为什么会感到如此满足呢？"他问道。他们回答说："你错了，教授。我们并不贫穷。我们用自家农场的收成供四个孩子上大学，我们把肥沃的土地和满满的牲畜圈变成了法律知识和拉丁语知识。我们很富有。"

　　这对父母对舒尔茨说，他们所拥有的有形（physical）资本（这个概念，经济学家本以为他们理解），从某种意义上说，正像教育的人力（human）资本。孩子们现在拥有了这种资本，因此，父母二人也就拥有了这种资本。曾经这种资本的存在形式是牲畜圈的围栏和篱笆，或者猪圈，或者他们圈养的驴。而现在，这种资本存在于孩子们的头脑中，成了人力资本。这对农民夫妇确实是富有的。

　　资质平平的经济学家只有在他们理解之后，才会接受对人力资本的发现，这也是很多科学和学术发现实际上为人们所接受的常态。一个理念就这样以隐喻的形式（或者随你怎么叫——类比、明喻或者模型）被人们接受了。舒尔茨教授会对别的经济学家说，猪圈"就像"拉丁语入门课（Latin 101）一样。而别的经济学家将不得不承认，这样说确实有道理。不管猪圈还是拉丁语课程都是由储蓄来支付的。二者都是获得收入的宝贵资产，而"收入"的意思，用经济学家的话说，就是"一股满足感"（a stream of satisfaction）。春去秋来，猪圈和拉丁语带来的满足感，就像从水库流出的水一样源源不断。二者都会持续很长时间，但最终会随着猪圈的破败和掌握拉丁语的大脑的死亡而枯竭。而一些"资本"会变成别的形式。一个受过教育的农民，因为自己在奥本大学获得的农业学位，进而有机会获得银行贷款去盖猪舍；等他的孩子长大了，他可以卖掉农场上的猪舍来支付孩子在初中或者奥本大学读书的费用。

　　这样看来，经济学家和诗人一样，会在自己的学问中使用隐喻。经济学家就是诗人，只是他们并不知道（An economist is a poet/But doesn't know it）。与之相似的主题是，经济学家也是一个小说家，而且从此过上幸福的生活。正如文学批评家彼得·布鲁克斯（Peter Brooks）在《剧情阅读》（Reading for the Plot）一书中所写的："我们的生活无休止地与叙述（narrative）交织在一起，与我们讲述的故事交织在一起……而这些都在我们对自己讲的自己的人生故事中得以重建……我们沉浸在叙述中。"（1985，p.3）或者正如历史学家赫克斯特（J. H. Hexter）所言，讲故事是"一种我们不可或缺的知识"（1986，p.8）。

经济学家还从没能离开过故事，从来没有过。故事就像"文化的手段"（instruments of culture）（Nash 和 Warner，1989）。或许经济学和小说差不多诞生于同一时间并非巧合（比较 Brooks，1985，p. 5）。或许科学的现代主义故事随着信仰的退潮而涌现也不是巧合。我们生活在一个对故事不知餍足的时代。

史密斯博士，给我讲个故事吧。当然可以了：

给国家提出的养老金计划中，"雇主要负担一半的费用"。在法律中和工人的工资单上都写着，工人需要把工资的 5% 缴纳到养老金计划中，而雇主要缴纳另外的 5%。这个例子是律师和经济学家间辩论的最典型的案例。如人们所言，一个法律被设计出来并通过，就是为了获得这样或那样的效果。而律师的头脑只能想到这里。对律师而言，在养老金计划中，工人获得了 5% 的好处，不花分文就得到了一半的养老金。

然而，没有任何一个经济学家会在养老金计划这个故事的

第一幕打住，也即律师和立法者通过设计立法来平摊费用。人们所说的免费的东西总能让经济学家产生怀疑。她会更进一步研究养老金计划的这个小小闹剧。她会说："在更高的劳动力成本之下，雇主会选择雇用更少的工人。而接下来，法律造成的后果开始消解。以前的工资水平上加上养老金成本，会带来比雇主想雇用的人数更多的工人。工厂外会排起长长的求职队伍。工人之间的竞争会使工资下降。而在第三幕和最后一幕，'雇主'要负担的养老金成本的一部分——甚至可能是全部——都会转嫁到工人自己身上，其形式则表现为更低的工资。法律的意图，"这个经济学家会自鸣得意地总结道，"终将背离初衷。"

因此，当人们提议对雇佣劳动征税的时候，记者们会问谁会缴纳这个税。市议员托马斯·基恩（Thomas Keane）（他后来进了监狱，虽然不是因为挪用经济学知识）宣布芝加哥市在制订此法律时十分谨慎，以确保只让雇主缴纳这项税款。基恩说："芝加哥市永远不会对工人收税。"啊，对头！

因此，1987年，当特德·肯尼迪（Ted Kennedy）议员提出一个让工人和雇主分担医疗保险成本的计划时，当地报纸报道说肯尼迪估计"总成本将在250亿美元左右——其中200亿美元由雇主支付，另外50亿美元由工人支付"。肯尼迪议员绝不会向工人征税。美国商会的雇员关系经理说（他显然同意肯尼迪议员对税负在哪里会下降所进行的经济学分析）："认为所有公司都……有能力负担如此慷慨的医疗福利的想法简直荒唐极了。"美国商会绝不会向公司征税。

这个案例阐释了有关经济学故事的一系列要点。它说明经济学家在未知后果和棘手结果之中获得的巨大乐趣，而其他社会学家也分享着这种乐趣。它表明经济学家为了吸引眼球而对故事情节进行刻意选择：一个会计或者政治学家会很想听到养老金的钱到底从哪儿来，因为资金来源的细节虽然在经济学家讲故事的时候看来无足轻重，却会影响到政治家和商业人士未来的行为。它还说明经济学家为了讲故事，在典型的情境中获得灵感——比如工厂门前排起的长队，以及在典型的隐喻中获得启发——比如能够像商品一样买卖的工人。

但在这里更重要的是，它说明了故事是如何支撑经济学观点的。自亚当·斯密和大卫·李嘉图以来，经济学家就着迷于这些分析性的小故事［这种上瘾甚至有个名字，叫"李嘉图恶习"（the Ricardian vice）］。经济学家说："没错，我知道故事是怎样从第一幕开始的；但我看到了戏剧化的可能性；我看到了一开始的情形如何发展成各种事件。"

经济学家在讲去年美联储董事会的故事或者 18 世纪英国工业革命的故事时，就成了一个讲故事的人。这不足为怪。经济学家

90% 的工作都是用平白的日常语言在讲故事。而且即使在另外 10% 明显充斥着模型和隐喻的工作中，经济学家也在讲故事。经济学家要讲很多故事，因而必须练习讲故事的艺术。

为了详细地讲一个故事，连贯性（continuity）和中断（discontinuity）可以作为手段。过去几个货币政策的故事，或者现代经济增长的故事，可以用渐进式或者突变式的方式来讲。你认为哪个故事更好呢？如果故事是经济科学的一个组成部分，那么该如何衡量这些故事呢？

现在我们来考察一下现代生活的主题故事的特点，即国民财富的本质和原因。如果说英国工业革命是一场"革命"（它的确是），那么这场革命发生在某个时间。其中必然存在中断之处，也即工业革命这个故事中肯定有之前和之后。人们对此提出了很多日期，具体到某个著名的日子和年份：比如 1776 年 3 月 9 日，在这一天《国富论》为那个时代提供了思想观念（ideology）；或者 1769 年的那 5 个月，在那期间瓦特（James Watt）取得高压蒸汽机专利而阿克莱特（Arkwright）拿到了水力纺纱机的专利；或者 1760 年 1 月 1 日，那天卡伦钢铁厂（Carron Iron Works）的火炉点亮了整个斯特灵郡。

这类对日期的追溯当然充满外行气质，是坏故事的一部分。一个具体日期放在日期铭牌或者卷轴上可能看着不错，但在精细复杂的故事讲述中并不适合太精确。中断性不合常理的突兀，会

把人们的注意力吸引到细枝末节上。大萧条并不是从 1929 年 10 月
24 日开始的；而美国银行业去管制过程并没有随着废除限制偿付
利息的法律而结束。历史经济学家尼古拉斯·克拉夫茨（Nicholas
Crafts，1977）指出，精确地确定工业革命的时间无论如何不应成
为研究对象，因为微不足道的开端并不会带着未来会发展成某个
伟大革命的标签出现。他指出了讲故事的一个缺陷。历史经济学
家乔尔·莫基尔（Joel Mokyr）则指出了另一个缺陷（1985，p.44）：
翻遍橡子去找最终长成工业革命大橡树的那颗，"有点像研究公
元前 50 年到公元 50 年间犹太异见者的历史。我们要找的是事务的
发端，它们起初貌似无足轻重，甚至有些古怪"，尽管"它们注
定要改变西方世界每一个人的生活"。

至于哪些东西注定将要改变我们的生活，哪些不会改变我们
的生活，则因人而异。因此，每个历史经济学家都有自己对工业
革命的时间定位，尽管其说服力各不相同。大家都看到了不同的
中断点。伊丽莎白·卡鲁斯—威尔逊 [Elizabeth Carus-Wilson，1954
（1941），p.41] 曾提出"一场 13 世纪的工业革命"：她发现水磨
坊的出现"得益于科学发现和技术变革"，而且"注定要改变中世
纪英格兰的面目"。布里德（A. R. Bridbury，1975，xix—xx）发现
在中世纪晚期，"一个国家陆路旅行很慢……而到了亚当·斯密
时代，陆路旅行速度则大为提高"。在马克思主义者眼中，16 世

纪是一个中断点，从那时起，资本主义开始在全球范围内攫取财富。约翰·内夫（John U. Nef, 1932）不是一个马克思主义者，他认为他看到了 16 世纪的工业革命，以煤炭业为中心，虽然这个过程在 17 世纪有所放缓。而研究 17 世纪的学者，比如 D. C. 科尔曼（D. C. Coleman, 1977），即使在那个混乱的时代也看到了经济增长的星火。最广为接受的工业革命时期是 18 世纪晚期，尤其是 18 世纪六七十年代 [Mantoux，1961（1928）；Landes，1965，1969]，但研究这个话题的现代学者（Harley，1982；Crafts，1984）则发现 18 世纪早期就有很多值得肯定的工业革命成果。罗斯托（W.W. Rostow, 1960）将"起飞到自身可持续增长"的这个时期定义在了 18 世纪的最后二十年间，但其他学者则认为，即便到 1850 年，大多数英国人还是身处传统的经济部门之中。在这之后，还有第二次工业革命（即化学、电力和内燃机的工业革命）和第三次工业革命（即电子和生物学的工业革命）。

　　如果说更宽广的视角是可能的，那么这种宽广视角应该鼓励人们看到历史的连续性。在看待 1907 年以来的发展时，亨利·亚当斯（Henry Adams）能看到一个"从统一走向多元的运动，从 1200 年到 1900 年……从未间断，且加速进行"。[1931（1906），p.498]当代研究工业革命的重要学者 R. M. 哈特维尔（R. M. Hartwell）呼吁人们注重连续性，而非各种中断孤立的日期："我们需要工业革命的某种解释吗？那么这个解释不能是最平淡无奇的过程的结果吗，不能是一个漫长经济增长时期的结果吗？"[1967（1965），p.78]

在经济学中，人们常常会问起这类关于连续性和间断性的问题，虽然有时是无意识的。我们不应把这些问题一股脑抛给历史学家。经济学主要还是当代史，而且经济学还要决定历史的哪些片段是连续的，哪些不是。举个例子，大政府的扩张是不具有连续性的，正如罗伯特·希格斯（Robert Higgs，1987）所指出的那样，而这一点可以置于以下这些历史阶段之中，也即美国大政府体制思想萌芽的时代（1900—1918）或者大政府体制建立的时代（1930—1945）或者大政府体制扩张的时代（1960—1970）。即使是经济学晚近的和技术性的历史也面临如何讲故事的问题。价格联盟和汇率具体是在20世纪70年代的什么时间被打破的？反托拉斯政策从什么时候开始变得喜欢兼并？货币政策什么时候变成扩张性的？断点在何处？这些是故事的问题。

而人们常常错误地将这种问题视为哲学问题。哲学上的困难首先由巴门尼德和他的学生芝诺在公元前5世纪提出：如果万事万物都是完美连续的，那么变革将不可能发生。（Korner，1967）也就是说，万事万物之间的联系太紧密了而不能变动。经济学家会将其视为与经济学均衡的一种极端形式相类似；而物理学家则会把它视为最大化的熵。如果人性不会"真的"改变的话，那么历史将是一系列烦冗的宣言，声称事物越是变化就越是一成不变。如果经济"真的"一直处于均衡状态，那么我们也就没什么可做的了。

经济学家和历史学家亚历山大·格申克龙（Alexander Gerschenkron）曾认为，这样一种形而上学将宣告历史书的终结（1962a，p.12）。以巴门尼德连续性开始的历史或经济学都将无话可说。对于社会科学目的而言，格申克龙拒绝认为在所有变化的连续性和毫无变化之间存在过渡。没错，如果你看一下，试着拟合曲线的话，那么所有的经济学故事在数学意义上看都是不间断的；但如果就此推断变化"真的"没有发生，或者工业革命只是镜花水月，则大错特错。严格数学意义上的"连续性"必须与故事讲述意义上的"连续性"区分开来。

一直以来，经济学家都对这种哲学上的区分稀里糊涂，并从中得出惊世骇俗的意识形态结论。一个世纪前，伟大的经济学家马歇尔在其《经济学原理》（1890 年及之后的版本）标题页上宣扬了这样一个格言：*natura non facit saltum*[自然并不跳跃发展。莱布尼茨和林奈（Linnaeus）也很早就使用了这个格言，它似乎最早是由雅克·蒂索（Jacques Tissot）在 1613 年使用的]。马歇尔自己似乎已经相信，用不跳跃的数学曲线来代表行为的能力暗示了"边际主义"的经济学理论是对人类行为的理想描述。（边际主义认为，人类会计算自己的行为会发展到哪一步。）我们不能确定马歇尔是否相信：自然界缺乏跳跃（量子物理学即将让跃迁成为大新闻）暗示着人们也不应该跳跃式发展，而应该采取渐进式的社会改革方式。

　　总而言之，人们很容易得出这两个结论，但二者都是不合逻辑的推论（non sequiturs）。尽管二者都源自当今美国经济学的主流，也即所谓的新古典经济学，但二者对新古典经济学而言都不是必要的。一个更具争议的论断假设，新古典经济学依赖平滑的曲线，并认为人们必须推崇平滑的社会政策。在离线（跳跃的）数学和马克思经济学之间存在着一种奇怪的联系，并形成了一种跳跃的政治体制。而在经济学历史中，也有一些保守的作者保持着同样奇怪的热情，去描述经济史中的连续性。格申克龙痛骂这两种学派：科学的故事讲述者应该研究变化和连续性，"不受到那些必须在严肃的学术之外为自己找到游乐场和战场的革命热衷者和痛恨者的干扰"（1962a，p. 39）。

　　然而，连续性和非连续性的主要问题在哲学讨论中无法解决。这是与衡量有关的修辞所具有的实际问题，且只能在经济学和历史学的讨论中解决。那么，我们说工业革命是何时发生的呢？格申克龙自己给出的答案局限在工业领域，因为与其他大多数经济史学家一样，他认为农业和服务业在经济增长中都是落后产业。"在欧洲几个主要国家中……经过一段相当长的较低增长率阶段，一个多少有些突然的增长率提升出现了，而后这一增长率水平维持了相当一段时期。这一时期就是各国出现急速发展的时期……各国之间在'剧增前'（pre-kink）和'剧增后'的增长率及其差距，因各国在经济加速阶段相对落后程度的不同而各有不同。"[1962a（1968，pp. 33—34）]

人们观察到非连续性的水平高低则取决于如何选择。如格申克龙所言，"如果急速增长发生在制造业，那么在诸如国家收入等巨大的总量数据上去找断点则是十分愚蠢的（inept）……因为等到工业发展到足以影响更大的总量数据的规模时，令人兴奋的经济急剧增长的时期很可能已经过去了"（pp. 34—35）。注意，他说的是：愚蠢的。那么这个故事讲起来就会很糟糕。在这些句子的一个脚注中，格申克龙也提到了他的宿敌罗斯托（罗斯托是经济史学家中的阶段理论家，是把现代经济学用到历史学上的应用者，同时还是不得志的总统顾问）。罗斯托的"失败在于没有认识到这一点已经与他的经济起飞（take-off）理念（罗斯托一系列关于非连续性的隐喻）南辕北辙，而从原则上看，这与这个作者提出的经济急剧增长的概念是紧密联系的"。

这种观点很好，而且能够用在总量经济学或者任何总量数据的连续性问题上。微不足道的（而且是令人兴奋的）发端一开始总是不明晰，直到它们变成惯例之后很久才凸现出来。我们可以回想克拉夫茨和莫基尔有关 18 世纪工业的评论。莫基尔用算术方式这样写道：如果传统经济部门以每年 1% 的速度低速增长，且开始时的产出为 90%，而现代部门则以每年 4% 的速度较快增长，则这些现代部门要花上 75 年才能达到传统部门产出的一半（1985，p. 5）。这仅仅是从算术的角度考虑。我们可以将其称为加权定理（Weithing Theorem）[或者等待定理（Waiting Theorem），因为当加权在一开始微不足道时，等待的时间就很长]。笼统而言，在经济学和其他社会科学中还可以举出类似的例子。例如，在数理经济学的分支——增长理论中，人们在它出现后不久就注意到了，其模型往往需要一个世纪的理论时间才能达到最终"稳定"状态的 90%。更广泛而言，经济学家很久以前就已经认识到，微观经济学解释和宏观经济学解释之间的紧张关系。在稳定模型中，微不足道的开始往往会持续很长时间。

有关微不足道的开始这一点，并不局限于经济学：社会学家也会陷入类似的争论，甚至也会使用微观和宏观这些完全一样的术语。在总供给和总需求曲线中寻找断点容易带来这样一个问题，那就是在哪个水平上我们应该进行社会思考（social thinking），也即所谓的加总问题。这同样适用于文学史：研究浪漫主义最好是研究布莱克（Blake）还是勃朗宁（Browning），是在其微不足道的开端，还是在其发展繁盛之时？

遗憾的是，按照格申克龙的标准，他自己也没能回答好讲故事的问题，而且最终搬起石头砸了自己的脚。在一部考察意大利工业产出的重要著作中，格申克龙将"急速增长"时期放在了1896—1908年间，并希望通过同一时期（也即1890年代）成立的人银行来解释这一点。斯特凡诺·费诺阿尔泰亚（Stefano Fenoaltea）曾短暂地师从格申克龙（后来学生推翻了自己的老师）将加权定理用在了这个问题的分析上（Fenoaltea, n.d.）。当然了，费诺阿尔泰亚的论证认为，工业指数的组成部分——钢铁产量和化学品产量是经济分析的"真正"（real）单位。[人们在想用讲故事的方法表达一个观点，而又不想明确地为这个观点辩护时，偶尔就会这样说。当今一些经济学家用"真实"（reality）的修辞，来迫使其他经济学家为他们所有的宏观经济学内容打下微观基础。] 费诺阿尔泰亚写到，如果这些小的部分在大银行出现之前就开始加速发展，而仅在这之后才壮大规模，那么银行就不可能是这一事件发生的启动力量。

让人不爽的是，这些小部分恰恰就是这样的。它们毁了格申克龙关于意大利工业化是由银行引发的这个故事：这些小部分在19世纪80年代，而不是90年代，就开始加速发展，并在银行出现之前，而不是之后，变得不可小觑。把格申克龙对罗斯托的评价换句话讲就是，等工业进步部分的规模大到足以影响更大的总供给时，让人兴奋的时期早就过去了。

然而，格申克龙的观点还是有教益的：连续性和非连续性都是工具，它们"是由历史学家，而非天然且一成不变地包含在历史事件中的某些东西所塑造成的……它们从来都是由历史学家的手创造出来的"。（1962a，p.38）格申克龙点点头，但这点头本身证明了他的话。工业革命的诸多时间点和日期也同样说明问题。经济学故事叙述中所选择的任何平缓（smoothness）和突兀（suddenness）都同样说明了问题。

这个问题就是，再说一遍，历史学和经济学一样都是我们所讲述的故事。连续性和非连续性是叙述的工具，我们为了故事叙述之便而对它们有所取舍。尼尔斯·玻尔（Niels Bohr）曾说："认为物理学的任务是要找出什么是自然，这种想法是错误的。物理学关心的是我们在描述自然时能说些什么。"[Moore，1985（1966），p. 406] 而这取决于我们。我们可以选择强调连续性："亚伯拉罕生以撒；……生……生……然后雅各生约瑟，就是马利亚的丈夫。那称为基督的耶稣，是从马利亚生的。"或者我们也可以强调非连续性："在犹太王希律时代，亚比雅班里有一个祭司，名叫撒迦利亚。"故事虽然是相同的，但故事的连续性和非连续性则是我们的创造，而非神的创造。

　经济学家总是花很多时间担心他们的隐喻——他们称其为"模型"——会遭到逻辑标准的严格检验。他们却并不怎么担心故事——他们称其为"类型化事实"。有了这个词，就不用不辞辛苦地跑图书馆查证了——遭到事实的严苛检验。而且不存在隐喻和故事的明确标准，这本身就是一个修辞问题。这完全取决于经济科学家的受众。举个例子，如果经济学家通过数学系的方式成为经济学家，那么他们若采用逻辑足矣（logic-is-enough）的修辞就毫不稀奇；而如果他们通过历史系的方式成为经济学家，那么他们有理由采用事实足矣（fact-is-enough）的修辞。没有经济学家是通过英语系或者传媒系的方式成为经济学家的，因而很多经济学家并不知道他们在讲故事。

第二章

经济学中的情节和体裁

　　任何稍微有些宽泛的对话，比如经济学，都会涉及修辞的四种门类——事实、逻辑、隐喻、故事，尤其是故事。

　　用开端、发展和结尾的方式来讲经济学故事，很有吸引力。一种恰当的科学方法则是从纯粹的情节开始，像俄罗斯民俗学家弗拉基米尔·普洛普（Vladinir Propp）在 1928 年留下的 100 个俄罗斯民间故事那样 [1968（1928），pp.19—24]，将 100 个经济学的故事分解成不同的组成部分。在经济学中，这些部分可以是爱荷华州玉米价格资本化的故事，1980 年代销售电脑的故事，对肯尼迪医疗保险的负担进行修正的故事，或者像小橡子长成大橡树的故事，诸如此类。人们进而会分析这些故事的"功能"（functions）[普洛普所说的行动（actions）]。然后，为了整个使用普洛普的语言风格，人们会问这些功能的顺序是不是连续的，就像俄罗斯民间故事那样。

这样做听起来有些古怪。而实际上，经济学的例子太过简单了。在经济学的故事中寻找结构（structure），从科学意义上讲太过简单，不值得费神。正如语言学家费尔迪南·德·索绪尔（Ferdinand de Saussure）很久以前提出的 [1983（1916），p. 79，113]，经济学本身已经是结构性的了。经济学民间传说中的行动十分有限：进入、退出、定价、公司内部指令、购买、销售、估值和其他。不过的确是这些自觉加以结构化的要素让外行对经济学感到十分头痛。经济学家一再地说，"行为 X 与行为 Y 是一样的"——劳动力就像一件商品一样，奴隶制就像资本化一样，儿童就像冰箱一样，诸如此类，不一而足。

经济学家最喜欢的这些词汇应该很讨文学知识分子的欢心，因为他们喜欢在事物的表象之下寻找隐藏结构："刨根问底。"从根本上说，各国之间的国际贸易其实是个人之间的贸易，而且可以同样以个人为单位进行建模。从根本上说，通胀价格其实成了某些人的通胀工资，并不改变平均福利。从根本上说，我们欠的国家债务是欠自己的（那些真正纳税的人可能不敢苟同）。在这个高度结构化的领域，讲故事的人深谙讲故事的原则，所以要像普洛普那样搜集到 100 个俄罗斯民间故事那样找到超过 31 种不同行动（actions）是非常困难的 [1968（1928），p. 64]。他发现了七种不同的角色（p. 80）。比起行动的种类，这倒更有可能：早期英国经济学家大卫·李嘉图（就是那个把李嘉图恶习带到世界上来的人）则在他的经济学故事中引入了三个角色——工人、地主和农民。

经济学中的故事讲述也遵循虚构类故事的限制，只是没那么严格。最重要的是，要给故事一个结尾，就像养老金计划这个故事那样。故事一直发展到第三幕。用更经济学的语言来说，保加利亚籍法裔文学评论家茨维坦·托多罗夫（Tzvetan Todorov）断言，"一个完整的剧情（plot）最少要包括从一个均衡向另一个均衡的过渡"（引自 Prince，1973，p.31）。杰拉德·普林斯（Gerald Prince）在对故事和非故事的叙述中用到一些别出心裁的心理实验，并得出了"最小化故事"（minimal story）的定义，它需具有：

> 三个彼此联系的事件。第一个和第三个事件描述的是状态（比如"约翰很穷"），而第二个事件是动态的（比如"然后约翰发现了一罐子黄金"）。此外，第三个事件与第一个的事件是相反的（比如"约翰很有钱"）……这三个事件由一些连续性的特点连接起来，使得（a）第一个事件在时间上先于第二个事件，而第二个事件在时间上先于第三个事件，而且（b）第二个事件引发了第三个事件。（p.31）

普林斯的处理将我们认为故事成其为故事的东西独立出来。下面这个是故事吗？

　　一个男人笑了，一个女人唱歌。

不是，这不像一个故事——无形中，我们在母亲的怀抱里学会了什么是故事（当然了，在乔伊斯和卡夫卡之后，什么都可以成为故事，更不要提法国侦探小说作家了）。接下来这一段更像一个故事：

　　约翰很有钱，后来他亏了很多钱。

至少它具备顺序和结果，"后来"。而且它包含了相反的状态（"有钱……没钱"）。但这还不够。看看下面这一段：

　　有一个男人很快乐，然后他遇到了一个女人，后来，因为这个女人，他再也不快乐了。

对了。这才像一个完整的故事，就像我们"一般认为和本能感到的"那样（p.5）。对比一下：

　　约翰很有钱，而且经常旅行，后来，因为经常旅行，他很快乐。

好像有点奇怪。奇怪的是，他的状态并没有和起先的状态相反。试试看下面这个模式：

　　波兰以前很穷，然后波兰采取了资本主义制度，后来波兰因此变得富裕了。

货币供给在今年有所增加，因此去年的生产力得以提升，而过去三十年的商业周期达到了顶峰。

在化工业里有一些公司，后来它们彼此合并，结果是现在只有一家公司了。

19 世纪晚期的英国是个资本主义国家，富裕而强大。

这里的模式分别是故事 / 非故事 / 故事 / 非故事。

故事以一个新的状态结束。如果养老金计划的故事像经济学家说的那样，以工人获得 5% 的收益为结尾，"这就不是一个均衡了"。"不是一个均衡"在经济学家嘴里意味着，他对某个未经训练的人提出的这个结局并不认同。所有亚当·斯密的后人，不管是左派还是右派，不管是信奉马克思还是马歇尔还是门格尔，都会很乐意给你讲一个更好的故事。

经济学内部很多分歧就在于这种对结局感（a sense of ending）的态度。对于兼容并包的凯恩斯主义者而言，他们习惯了经济学带来的各种极富画面感的故事和意外，在他们看来，"石油价格上涨，造成了通货膨胀"这个故事的创意是极富内涵的，而且具备了故事应该有的所有优点。但对于货币学派而言，他们习惯了货币的古典统一，他们会觉得这样的故事创意根本不完整，根本算不上什么故事。而经济学家 A. C. 哈伯格（A. C. Harberger）喜欢说，这样的故事并不能让经济学"歌唱"。这样的故事结束得太早，

第二幕仅仅进行到一半：如果石油价格的一次上涨，没有伴随其他商品价格的下降，它就"不是一个均衡"。

从另一个角度来看，凯恩斯主义者对货币主义的批评就像对故事情节的批评一样，他们抱怨的都是站不住脚的故事开端，而不是发展不全的故事结尾：你觉得你心目中十分重要的货币是从哪来的？为什么？用经济学术语来说，这叫"外生的"：如果你从故事的中间开始说起，那么我们在看待货币时要认为它是外生的，与故事的其他情节毫无关系，尽管它们之间大有联系。

这类故事情节问题远非看上去那么简单。其中还有道德的考量。历史学家海登·怀特（Hayden White）曾写道，"对历史故事结局的需求是一种……对道德论证的需求"（1981，p.20）。一个货币主义者不把一切怪罪到美联储的头上是不会罢休的。经济学家在养老金故事的结尾说："看吧！要是你们觉得在法律中明确提出一半一半的分担率就能让工人的养老金负担减轻50%，那你们就上了政客和律师的当了。醒醒吧！成熟一点！要透过表象看到问题本质，要认识到生活中绝望的讽刺。"故事有它的意义，也就是价值。一幅《纽约客》漫画中画着一个女人看着电视，突然仰起头焦虑地问她的丈夫："亨利，咱们的故事里有什么寓意（moral）吗？"

故事叙述得恰当与否也同样适用于最抽象的理论。在数理经济学研讨会上，一个像"你是不是落下了第二个下标"一样常见的问题，那就是问："你的故事是什么？"（What is your story？）。养老金的故事可以整个用数学方式隐喻地表达出来，说明养老金税上缴后去了哪里，并用下面的方程表达出均衡中的供求曲线：

$$\omega^* = -[E_d/(E_d + E_s)] T^*$$

这里用到的数学对于经济学家而言实在再熟悉不过了，除了解释一下这里的隐喻，其余完全无须赘述。（这个方程说的是，养老金税由劳动的供给方和需求方分担，其税率取决于双方对工资的敏感度。）但在一些不那么熟悉的例子中，在经济学论证的前沿，经济学家则需要一个解释。也就是说，经济学家需要一个故事。就像为听众解释螃蟹蜕皮腺的生物学家，在所有数学计算之后，听众会不断地问为什么。在经济学的高级研讨中，"你的故事是什么"已经成为一个技术术语。这需要一点起码的抽象化，跟人生的小插曲很接近。这要求故事在虚构的意义上多一点现实主义，多一点直接体验的幻象。这要求经济学家的故事更进一步地接近19世纪的短故事，以更有力而不带讽刺的方式"身临其境"（Being There）。

当然了，即使人们在经济学中使用最静态和抽象的论证，拒绝使用故事而坚持诗性和隐喻的表达方式，都是"我们对自己所讲的有关我们自己的故事"中的一部分。在一个学者的故事中，他的工作就是一个章节。这就是为什么在非常抽象和隐喻的领域，比如数学和一些经济学研讨中，人们往往开头会说"我是这样开始这个话题的"。这种个人自传的片段使论证有了意义。要是研讨会不能"调动人们的积极性"，那么你就会听到数学家们大发抱怨了。能够激发人们的是故事，而且往往有关这部分数学或者这个演讲人的什么神秘历史。听众总是希望知道为什么某个论证对演讲人很重要并因而对自己也很重要。这样一来，故事就有了寓意（moral），这也是所有好故事的共性。听我说，我的孩子们，你们将会听到一个关于拍卖员营销生活的故事。

　　作为故事的经济学提供了一个平台，让人们得以看到经济学的各种情节。重复一遍，经济学作者必须是个小说家或者诗人，也就是说他必须使用故事或者隐喻。但读者也要了解经济学思想。文学批评家路易丝·罗森布拉特（Louise Rosenblatt，1978）对审美阅读（aesthetic reading）和发现阅读（efferent reading）进行了重要的区分。在发现阅读中（efferent 源自拉丁语 effero，即我带走的意思），读者关注的是她能够从阅读中带走什么。发现阅读应该在建模和科学中十分典型。建模和科学对它们之外的东西本应十分有用。相比之下，在审美阅读中，读者关注的是她在阅读过程中的自我体验。审美阅读在故事叙述和艺术中十分典型。

　　然而，对科学文本进行审美阅读通常会让我们得出明确的结论。叶芝的诗《在学童中间》（*Among School Children*）最后一段给人的感受是："对！就是这样！"这种感受与古代证明"2 的平方根不能由任何两个整数的比所表示"给人的感受并无二致。罗森布拉特认为："用审美的态度对待收音机的制作方法是可能的，但往往没什么用。"（p. 34）好吧，往往如此。不过电脑修理员对一台默罗（Murrow）电脑的线路图采取审美的态度："真是台漂亮的机器！"他说，带着微笑，而且最终找到这样那样的修理方案。诺贝尔物理学奖获得者史蒂文·温伯格（Steven Weinberg）认为审美阅读统辖着花在研究上的成百上千万美金（1983）。人们觉得他的理论很漂亮，虽然在得到新结果前非常丑陋，能够当得起测试它所花掉的四千万美金（顺便说一句，这个数字是国家科学基金会分配给所有经济学研究的预算总和的四倍）。文本的乐趣有时就是它的意义所在，甚至在科学中也是如此。

罗森布拉特预料到会有这样的说法，他注意到，那些不强调读者角色的文学理论，往往无法解释趣味横生的非虚构文学作品，比如《罗马帝国兴衰史》，或者像有些人认为的由罗纳德·科斯和哈伯格写的最棒的应用经济学著作。在审美阅读十分重要的情况下，读者的反应让我们知道这些审美阅读作品中哪里是重要的。而天真的科学阅读理论却断言审美阅读从来就无关紧要。

如何讲述那些充满艺术气质的故事是有章可循的，而且，这些习惯可以用在经济学上。就以风格（genre）这个概念本身，也即文学作品的类型，它们的历史和类型彼此之间的关系为例。诗歌有史诗（epic）和乐词（lyric），田园和叙事的风格之分。科学报告本身自成一类，其传统也会随着时间而发生变化。开普勒写作时用的是一种自传风格，他把实验室记录和各种疏漏都记在纸上；伽利略写的则是儒雅的戏剧。是牛顿，这个在其他方面也不吸引人的人，坚持在科学论文写作中使用严谨平淡的语言，或者换句话说，平淡乏味的语言（Medawar，1964；Bazerman，1988）。一个经济学家在采纳一种风格的惯例时，应该同时注意到他所用到的"不仅仅是一种风格"。

经济学的纯粹理论与文学风格的惊奇（marvelous）风格有点相似{茨维坦·托多罗夫对"惊奇"和"奇幻"(fantasy)进行了区分，"惊奇"也即自然法则仅仅受到违背，而"奇幻"或者"恐怖虚构"（horror fiction），则令读者在现实主义和神奇幻想之间犹豫不定，无法确定并感到恐怖 [1977（1971），p. 156；1973/75（1970），chap. 2]}。像惊奇类作品一样，为了方便讲故事，经济理论的风格有违"现实"规则，从而让令人惊讶的结果在假设的世界中显得不足为奇。在一个动物能说话的世界里，动物身上展现出一些人类的怪癖并没什么稀奇。"罗曼史"（romance）[1]是一种旧说法。最早的现代文学理论家之一，克拉拉·里夫斯（Clara Reeves）在 1785 年给罗曼史下了一个定义（引自 Scholes 和 Kellogg，1966，p.7），这个定义很适合最近出版的《经济学理论期刊》（*Journal of Economic Theory*）："用高标而升华的语言写就的罗曼史，描述的是从未发生也不可能发生的事情。"

这也无可厚非。经济学的纯粹理论所要做的是创造出有寓意的惊奇故事，这种故事就像《动物农场》那样有它的合理性。纯粹理论的剧情和角色与真实（truth）之间的关系就像《格列佛游记》或者《仲夏夜之梦》跟真实的关系那样。通过讨论导致某一结果的这样或那样的假设，或者讨论某一假设是否有现实依据，纯粹理论挑战着现实。经济学家已经在这样或那样的假设是否真实的问题上争论了太久。这个文学类比给辩论蒙上了奇异的色彩。是那些会说话的动物或者飞毯让《一千零一夜》的故事变得"不现实"吗？

经济学家很清楚他们阅读和书写的文字是什么风格，从而避免把惊奇作品分错类。重复一遍，用惊奇来形容纯粹理论并不会降低纯粹理论的价值。《格列佛游记》也是惊奇小说，但同时也

1　罗曼史是指欧洲在资产阶级革命以前的封建社会里流行的一种传奇文学。

大有教益。不过，了解风格对批评家来说是必需的，而对艺术家则大有助益。经济学和其他学科的理论家通常知道他们写的是什么风格。他们会用小把戏来展示这种风格，比如说通往经济增长的"高速路"（turnpikes）和当经济增长实现时的"极乐"（bliss）时点。

然而，人们对惊奇和罗曼史的把握也可能会很随意。奥登（Auden）认为"让诗人不能说谎的困难在于，在诗歌中，所有的事实和信仰都不再真实或虚假，而是变成了有趣的可能"（引自Ruthven，1979，p. 175）。经济学有些领域所包含的主要是这些有趣的可能性。国际贸易理论的第一百个可能世界，让人们觉得那是一个寓言意义上伪君子发疯的故事。

正如前面讲过的，好的经济学经验研究就像现实主义小说。与奇幻不同，它声称遵循世界的所有规则。（好吧，所有重要的规则。）但当然了，它仍是虚构的。我们可以将应用经济学家视为现实主义小说家或者现实主义剧作家，视他们为托马斯·哈代或者易卜生。这个类比表面看来很贴切。经济学一定程度上是一种社会历史。尽管有人认为经济学家是社会学中的物理学家，经济学家还是在回首过去时做到最好，就像古生物学家、地质学家或者历史学家那样。

如果继续沿着这个类比，我们可以说经济学中的某种特定经验研究就像恐怖小说——托多罗夫所说的"奇幻小说"。不同于惊奇小说，奇幻小说（恐怖小说）遵循世界所有的规则，但只有一个例外，就是出乎读者的意料。《科学怪人》（*Dr. Frankenstein*）里的弗兰肯斯坦就是一个完全可信而且寻常的人物，除了一点，那就是他制造人形怪物的本事。一个政策试验可能是完全可信的，但除了一点，那就是引进激进的新政策，将所得税清单减至一页纸那么长，或者彻底废弃证券管制。

　　不过，请等一下。对此，长久以来掌握我们智识生活的现代派学者们，很可能会怒不可遏地斥责我，认为我刚才所做的分析才是奇幻和虚构故事。真正的科学家是发现（find）故事。没什么虚构可言。

　　人们早就理解对我们这种断言所做的回答。讲故事的人用真实（Truth）包装自己——这也是柏拉图对所谓模仿生命的雕塑和诗歌感到愤懑之处。仅仅"像发生的那样，有一说一地讲故事"让人们逃避了审视观点的责任。现实主义虚构小说习以为常地做到了这一点——这也显示了文学类比的另一个用途，也即科学中的现实主义虚构也同样可以逃避声明观点。社会学家迈克尔·马尔凯（Michael Mulkay）在他的生物学书信集中提到规则 11："使用书信这种私人形式……但尽量从文本中将自己抽离出来，这样，书信的读者就会不断意识到自己正在进行一场与实验、数据、观察和事实的不对等对话。"（1985，p. 66）在历史中也有类似的逃避现象："历史叙述的剧情总是令人尴尬，因为不得不以事件中'所获发现'的形式呈现出来，而不是通过叙述技巧表达出来。"（White，1973，p. 20）

在科学类写作中，对"我"这个字的克制使用比我们预想的还要严重。在现代小说中，作者的第一人称"我"已经带来唯独文学才有的使用技巧，"陈述话语和想法"。语法学家称其为"无引导的间接话语"（unheralded indirect speech），法语为"自由间接风格"（style indirect libre）。简·奥斯汀随便两页小说就有这样的例子："沃尔特爵士在卡姆登巷租了一幢上好的房子，地势又高又威严，正好适合一个有影响力的贵绅的身份。"[1965（1818），p.107，沃尔特爵士的话"上好的……有影响力的人"从奥斯汀的嘴里说出来]；"安妮能对父亲和姐姐的喜悦感到惊讶吗？她或许不会惊讶，但一定会叹息。她父亲居然对自己的变化不觉得屈辱。"（p.108；安妮的话"叹息……不觉得屈辱"从奥斯汀的嘴里说出来）。[1]

在科学中，与之对应的技巧或许可以称为"陈述现实"（represented Reality）或者"隐含的断言"或者"不可避免的间接风格"

1　摘自简·奥斯汀小说《劝导》第十五章。

（style indirect inevitable）。科学家说：并不是我这个科学家做出了这些断言，而是现实本身（是大自然的语言通过科学家的嘴表达出来）。科学家假装大自然是直接发话的，因而冲淡了他们这些科学家才应该为这些断言负责的证据。这显而易见。在虚构中，结果也是类似的："我们（作为读者）不能质疑第三人称叙述者是否可信……另一方面，任何一个第一人称叙述者都可能不可信。"（Martin，1986，p. 142）因而第一人称叙述者哈克贝利·费恩（Huck Finn）[1] 误解了公爵，而我们这些读者知道这是实情。科学家则消失在第三人称对实际发生之事的叙述中，来回避质疑。

然而，重复一遍，没有什么是世界用故事的形式直接给我们的。诗人和批评家 J. V. 坎宁安（J. V. Cunningham）认为纯粹观察的极限是："塑造侦探故事的并不是对杀人案件的直接观察或者对侦破过程的直接观察……一个作者在现实生活中所找到的，很大程度上是他的文学习惯使他能够看到和处理的东西。"（1976，p. 182）或者如批评家诺思罗普·弗赖伊（Northrop Frye）所说："要把任何生活中的事真正搬到文学里，我们不能做到栩栩如生：我们必须要做到栩栩如文学才行。"（1964，p.91）

我们讲故事就像我们使用隐喻一样（实际上，我们决定逻辑，

1　哈克贝利·费恩是马克·吐温小说《哈克贝利·费恩历险记》里的主人公。

建构科学事实，而这一切都取决于这个世界在我们的道路上留下了什么提示），正如我们对连续性的选择一样。约翰·基根（John Keegan）在他的军事史《战争的面目》（*The Face of Battle*）一书中阐述了这个一般观点。他提到，为了构成一个"突然袭击"战术的案例，"战争史的叙事"要求一个骑兵团必须"冲撞"另一个。[1978（1976），p. 36] 然而，一个目睹了发生在滑铁卢的类似的遭遇战的目击者报告说，"我们本预料会发生可怕的冲撞——根本没这回事！（骑兵团的）每一排战士，似乎不约而同地，向对方铺开，而且从彼此间快速通过"。（p.149）事后证明，马匹并不会彼此冲撞，或者撞上人，所以我们一般看到的故事并不都是真的。故事是一个人对另一个人讲述的东西，依据的是人的叙述习惯，而不是某些业已存在于那些岩石标本或者骑兵团中的东西，也不是哑巴的事实本身。

换句话说，故事是有选择性的，而做出选择的是故事的作者。在这一点上，故事与隐喻和模型很相似，都需要进行选择。我们不可能完全描述任何事，正如尼尔斯·玻尔曾对其学生阐述的那样。他让学生全面地描述一块粉笔，或者给出关于这块粉笔的所有事实。这些学生对此束手无策。描述必须是极具选择性的。我们不可能知道关于粉笔中每一个原子的历史，或者与粉笔有关的每一个原子的位置。由我们来决定什么才是重要的，依据的是我们的目的，而非上帝或者大自然。

　　虚构类作者像科学家那样进行选择，并邀请读者自己填充其余。故事或者文章只能给出经历的一个样本，因为体验充斥着不相关联的事务：丢垃圾，撞到桌角，挠后脑勺，视线扫到一本书的标题等。把优秀故事讲述者或者优秀科学思想者与糟糕的故事讲述者或者糟糕的科学思想者区分开来的是一种目的感（pointedness）。事情一件接着一件发生，这并不是一个有目的感的故事，亦非好的科学（cf. Bruner，1986）。

　　科学故事的简约并不是因为有什么哲学推崇简约。这取决于我们阅读科学的方式、我们填充空白的能力和在我们的文化中讲述有目的感的故事的方式。一个经济学家只要参与同一个话语群体，就能够阅读他的经济学同仁最艰深浓缩的著作。

　　完全虚构的故事也具有同样简约的特点。工巧的虚构故事，不管是以《诺桑觉寺》（*Northanger Abbey*）还是《物种起源》的形式出现，正如弗吉尼亚·伍尔夫对奥斯汀的评论所言，"激励我们补充纸面上没有的部分"。"很显然，她给我们的是一件琐事，但它却在读者的头脑中铺展开来，同时赋予那些外在无足轻重的生活场景以隽永的形式"[1953（1925），p.142]。接着批评家伊泽尔（Wolfgang Iser）对她的评论这样评价道："这些明显琐碎的场景所欠缺的是，在对话中出现的鸿沟——这是刺激读者用自己的心理投射进行填充的原因（这个形象就像读者在自己的头脑中放映一部电影，这当然也是为什么小说仍可以与电视竞争的原因）……弗吉尼亚·伍尔夫所说的'隽永的生活形式'并不呈现在纸上；而是表现在文本和读者的互动之中。"（1980，pp.110—11）

正如阿尔若·克拉梅尔（Arjo Klamer，1987a）展示的经济学理性假设那样，科学说理亦然。最缜密的说理需要读者填充每一步之间的空白，不管这是关于匪夷所思的谋杀案，还是关于艰深晦涩的数学定理。同样的道理也适用于新近经济史中所谓的经济政策。没言说的——而不是没读到的——对于读者而言比纸面上写的更加重要。正如克拉梅尔所言，"经济学修辞的学者面对的挑战是言所未言，填充经济学话语中'丢失的文本'。"（p.175）

在我们的大脑中放不同的电影时，大脑会产生不同的文本。托多罗夫问："我们应该怎样解释这种（文学阅读的）多样性呢？这些叙述所描述的并不是书中的世界，而是每一个个体读者心理转换后的世界。"[1980（1975），p.72]"只有通过对文本进行特定类型的解读，我们才能够通过自己的阅读建构一个想象的世界。小说并不模仿现实；它们创造现实。"（p. 67f.）经济学文本一定程度上也是读者造就的。因而，含糊的文本往往更具有影响力。举个例子，技高一筹的凯恩斯（John Maynard Keynes）在他影响深远的《就业、利息与货币通论》一书中留给读者很多在脑子中自由放电影和填充空白的机会。

好吧，那又怎样呢？这样思考经济学对于我们而言有何助益呢？完整的回答就是这本书余下部分的内容：也即通过看到他们的故事和隐喻，经济学家和他们的读者因而能够抵御万金油的诱惑，并且认识到，经济学家虽然有智慧，却没那么聪明。这就是为什么很多经济学的外行会很在意专家们把他们的隐喻和故事安排好。

但先考虑一个简短的内在答案：故事的叙述让我们看清为什么经济学家之间会有分歧。就像社会学中的同时发现能够启发社会学一样，科学家之间的分歧也能启示科学的修辞。

非经济学家不会意识到经济学家彼此有多少共识，不管是在学术研讨室里还是在办公室里。但他认为经济学家之间常常有很多分歧，这并不全错。经济学家分成很多历史悠久的学派，有人说在这方面人文学科比科学更典型。[尽管任何一个新近的科学学科史都会把"科学家大多彼此认同"这个谎言丢给媒体，比如古尔德（Gould，1989，p.19）说过："我们（古生物学家）当然不会有很多共识。"他在那本书剩下的部分里一再重复这句话。]记者在他拍的有关新税的电视节目结尾，往往会抱怨说他采访的经济学家分歧很大。比起假日酒店发生火灾的故事，经济政策不着边际的变化更容易引起人们的分歧，记者对此司空见惯。可是，如果经济学也是一门科学的话，为什么经济学家们就不能彼此同意更多一点呢？真是可恶！

分歧存在的一个原因是一种过度简化的阅读理论。经济学家和其他科学家正式采用的阅读理论认为，科学文本是透明的，"仅作为沟通之需"，"仅使用形式"，只是简单地"写上""理论结果"和"经验发现"。他们认为沟通只是通过大脑之间的通道，传输未经改动的小信息，就像汽车银行（免下车银行）里的液压管道，或者下水道那样。这些管道有时候会堵塞。这就是"沟通问题"。接着"让我们明确阐释"的罗特鲁特（Roto-Rooter）公司就会来疏通管道，让堵塞之处重新疏通起来。

如果阅读真像这样毫无难度，那么很自然地，当我们疏通管道之后，读者不能与我们达成共识的原因就只能是，他们头脑不够灵光或者意志不够坚定（这里不讨论我们这些作者头脑不灵光的可能性）。这些文字就在那，白纸黑字清清楚楚。别犯傻了！

一个更好的阅读理论认为科学论文与文学作品类似，同样复杂而充满典故，大量使用修辞而非简单进行呈现。这个更好的理论是一位好的老师在教学时会使用的。她很清楚文本本身对于学生而言不够浅显透明，而她不会因为学生误解了文本而暴跳如雷。同样，上帝也不会在他的学生误解他的意思时怒不可遏。实际上，像科学家和学者一样，上帝也会用艰涩的文本来诱惑我们。正如文学批评家杰拉德·布伦斯（Gerald Bruns）所言，圣·奥古斯丁视圣经的含糊为"一种为了赢得不友好甚至态度轻蔑的受众而采取的艺术实用功能"（1984，p.157）。这种人造含糊虽然不好，但在科学和宗教中并不鲜见。布伦斯引用奥古斯丁的话（他可能还不如像数理经济学家证明显而易见的定理那样证明圣经里那些费解的文字）："我不怀疑这种情况是上帝赋予我们的，为的是让我们通过艰苦努力来征服骄傲和我们头脑中的轻蔑，正因骄傲和轻蔑，那些我们能轻易发现的东西往往看上去一文不值。"（p.157）

　　即使对一个更深刻的阅读理论而言，经济学家也有很多分歧，因为他们来自不同的文学文化。科学家一般来自一个特定的背景，这个背景赋予他们特定的语言。除非她的读者也大概理解同样的语言——也就是说除非读者也像科学家一样在大致相同的环境里长大，要不然他很可能会误解，而且无法被说服。这种误解并不比非法国人或者非巴厘岛人更难以原谅。读者来自另一种文化，使用不同的语言。

　　而且，即使这种外国文化能被理解，人们也很可能拒绝接受它。一首伤感的蠢诗让读者恼怒，就像愚蠢的自由意志主义（libertarian）经济学一样。读者拒绝进入作者的想象世界，或者也可能是无力进入。一个文学批评家说："一本坏书，是一本我们发现不愿意成为其指定读者的书，是一个我们不愿戴上的面具，一个我们不愿意扮演的角色。"[Gibson，1980（1950），p.5] 这样一来，读者自然会误读文本，至少从违背作者意图（intentions）的角度来讲是这样的。我们不愿意任由自己接受作者的意图，不管是一份写得糟糕的问候卡，还是一份文化上对我们含有敌意的学术论文。在一本写得好的小说或者一份写得好的论文中，只要我们能够识别出这些意图，我们就同意接受作者的意图。像生物学或者化学或者经济学，这些学科的重点在于让其他科学家接受作者的意图。然后公众才会接受。伟大的化学家莱纳斯·卡尔·鲍林[1]长久以来一直很受关注，而他的读者接受他的意图，至少是除了维生素 C 以外的意图；伟大的经济学家保罗·萨缪尔森也是同样，至少是除了他的投资建议之外的意图。

这样的观点还可以进一步扩展。一个阐述结果的经济学家创造了"作者的听众"（一群知道这是虚构的读者）而且同时也创造了"叙述的听众"（一群不知道这是虚构的读者）。批评家彼得·拉比诺维茨 [Peter Rabinowitz，1980（1968），p.245] 解释说："'金头发'（Goldilocks）的叙述听众也相信会说话的熊。"而作者的听众知道这只是虚构而已。罗特鲁特公司理论和统一文化

---

1 莱纳斯·卡尔·鲍林（Linus Carl Pauling），著名美国化学家、诺贝尔化学奖获得者，他因在提出了对维生素作用的新观点，尤其是主张超大剂量服用维生素 C 而引发争议。

理论（one-unified-culture）并不适合这种有关真正写作的明显观点，它们并不认为作者的听众和叙述的听众（以及作者）有什么不同（比较 Booth，1988，p.105）。

比起明确说明是虚构的作品，作者创造的这两类听众的不同点在经济学中似乎并不起决定作用，或许这是因为我们都知道熊并不会说话，但不是所有人都知道经济学中"边际生产率"的概念只是一个隐喻。在科学中，叙述的听众，就像"金头发"的故事，受到了虚构的欺骗，这正该如此。但在科学中，作者的听众也受到了愚弄（而且很巧，他们也是文学的听众，是真正的读者，而非作者想要的理想读者）。迈克尔·马尔凯再一次说明了，在生物化学的学术通信中，作者无心的选择有多重要。正如其他科学家和学者，生物化学家往往并不精于文学，而当他们的文学听众拒绝相信他们笔下会说话的熊时，他们感到困惑而且愤怒。（1985，第 2 章）这些文学听众认为生物化学家只是在陈述事实，而不是要赢得听众欢心。即使在"这些事实表明"的说辞看上去不可能引起分歧的时候，还是有少数人惊讶于学者们的分歧。科学不仅仅需要原始数据和一阶谓语逻辑，还要求有更多的语言资源。

那么，将经济学作为一种写作，解释了经济学家和其他一些学术界人士的某些分歧所在。这个解释表明，修辞四个门类中的"事实—逻辑"这一半对于人类的理性而言是不够的。经济学家在检视了"理论结果和经验发现"之后仍无法达成共识，原因并不仅仅是他们在区分自己的产品，或者受制于范式的局限，而是因为他们在不知情的情况下阅读用他们不熟悉的语言写成的故事或者科学论文，却没有意识到自己的无知。就像傲慢的英国游客来到佛罗伦萨，他们坚信只要说得足够慢足够大声，意大利人是能够理解英语的，因而他们说道：你的……故事……是……什么？！

第三章

历史经济学故事的政治

如果经济学家讲有关经济的故事，那么他们就成了历史学家了。好吧，他们确实有时候会这样做。他们不是社会工程学家，尽管他们有此奢想。他们是社会哲学家，而且首先是社会历史学家。他们的工作很大程度上是另一种意义上的历史。

英国失败的故事

我们可以讨论一个十分重要的例子，那就是 1870 年后英国经济"失败"（failure）的故事。自 20 世纪 20 年代以来，对维多利亚时代的指责和辩护此消彼长，争论从未停止。维多利亚时代的后人（其中最显赫的是凯恩斯）把两次世界大战之间英国的困窘归因于早已过去的维多利亚时期。到了 1940 年前后，像邓肯·伯恩

（Duncan Burn）这些历史学家又重提这种说法。到 20 世纪 60 年代早期，人们第三次讨论起这一指责，其中言辞最犀利的要数戴维·兰德斯（David Landes）之类的历史学家。但到了 20 世纪 60 年代晚期和 70 年代早期，维多利亚时代出人意料地获得了很多捍卫者，其中主要是接受过技术性经济学训练的美国人，也包括我本人。80 年前后，一帮新的历史学家和历史经济学家又对维多利亚时代展开了批判，其中包括威廉·拉让尼克（William Lazonick）和马丁·威纳（Martin Wiener）。而到了 80 年代末，对维多利亚时代的辩护又东山再起。对观点不断进行修正的周期让人头疼，但其他五十几个阴魂不散的经济学争议也好不到哪去。

　　由于英国的历史引导着其他的历史，英国经济史中隐喻和故事线的选择远超过纯粹的学术兴趣。英国工业革命的连续性和中断性仍然塑造着我们的意识形态。现在，人们仍视 18 世纪英国的圈地运动（enclosure movement）为土地改革的范本或者反例（model or anti-model）。人们仍认为 19 世纪英国帝国主义的经历十分典型，而英国作为第一个制造业大国并在随后不光彩"倒下"（failing）的经历仍可以给我们所有人以教益。英国是第一个工业化国家，也是第一个——用一些人的话说——成熟的国家，它优雅地变老，优雅地衰老了。在很多人看来，英国的过去正是世界的未来。我们最终都会成为英国人。而且，正像其他一些人说的那样，如果资本主义是有效的，那么它注定曾在英国发挥过作用，其中大多是在自由放任的美好过去，也即维多利亚时代晚期。

　　像伯纳德·埃尔鲍姆（Bernard Elbaum）和威廉·拉让尼克这类经济学家，他们对发达资本主义的健康状况有所怀疑，而且也是维多利亚时代商人群体的早期批评者，他们钟爱用医学隐喻来描述出错的地方。他们喜欢说"苦痛"（affliction）、"英国病"（British disease），和"诊断"（diagnosis）（Elbaum 和 Lazonick，1986，p.1）。历史学家戴维·兰德斯和马丁·威纳认为成熟经济的文化，表现为人们对休闲的热情高于工作，并偏爱更加小资本主义的赛跑比赛的隐喻（Landes，1969；Wiener，1981）。他们在"赛跑"（race）中"领先"（leadership）的隐喻就出现在兰德斯的著作章节标题里，例如"弥合鸿沟"（Closing the Gap）和"气短和第二次呼吸"（Short Breath and Second Wind）[1]，以及一个比较军事化的描述——"一些原因"（Some Reasons Why，名字取自一首关于骑兵队冲锋的诗）。

　　这个故事在兰德斯 1965 年的经典著作中的其中几页出现，这本著作包括一篇 1954 年的会议论文，这篇论文在 1969 年再版并扩展成一本书——《解缚的普罗米修斯：1750 年至今西欧的技术革新和工业化发展》（*The Unbound Prometheus: Technological*

1　第二次呼吸是长跑运动中生理极限后获得第二次动力的现象。

Change and Industrial Development in Western Europe from 1750 to the Present)。这是兰德斯三部曲中间一部，它的主要问题是："为什么工业化的领先地位在 19 世纪的最后几十年里从英国转移到了德国？"（1969，p.326）。他的回答简要说来就是："因此 19 世纪末的英国人志得意满地生活在经济霸权的落日余晖中……现在轮到第三代出场了，这些孩子厌倦了无聊的贸易，对乡村绅士的田园幻想充满向往……他们在消遣时工作，同时在工作中消遣。"（p.336）

兰德斯指出，人们通常讲述欧洲故事的方式使得铁匠和保险经纪人之间盛行的赛跑和骑兵冲锋，以及经济霸权落日余晖的说法，变得不无道理。彼得大帝以来，欧洲均势政治本应建立在工业领导力之上。滑铁卢和索姆河战役本应该取决于流水线和交易大厅。战争主导权和经济领先地位之间的联系，在一战之前就已经在政治谈判中十分普遍，而且自那时起再也没有从历史文献中消失过。兰德斯说，要想不这样，简直"天真"。（p. 327）

在此我必须指出，二者之间的联系很值得怀疑。毕竟，只要这些上气不接下气的掉队者足够多，他们本就可以在 1914 年的时候填补更多的梯队。1942 年苏联的例子或者 1968 年越南民主共和国的例子表明，军事实力并不一定来自于经济实力。兰德斯说的确实是事实，但只是在定义上相对真实的情况，他引用 1788 年一个思想前卫的法国人的话说："那些最终能稳步前进（forges）[1] 的人必然会成为统治者；因为仅靠这一点就会有军事实力（arms）[2]。"（p.326）这句话不无道理——没有锻铁炉，又哪来的刺刀呢？但这句话在化学意义和定义上也同样正确，就像水分子（H_2O）是由两个氢原子（H）和一个氧原子（O）组成一样，不存在其他组合。不过从经济学事实和军事史角度来看，则不见得正确。在经济体中，血和铁是可以替换的，即使在化学意义上二者无可取代。实际上，法国人在整个拿破仑战争期间，从他们的宿敌那里进口了大量钢铁。

锻炉的消失并没有真正造成溃败，尽管大家都承认封锁线和战略轰炸能赢得战争。（Olson, 1963）为了剿灭南方人口较少的叛军，联邦军[3] 在南北战争中牺牲的人数，超过了美国在任何一场对外战争中死亡士兵的人数，而在 1860 年，联邦军和南军军力对比为火枪 30 比 1；火车头 24 比 1；生铁 13 比 1（McPherson, 1988, p.318）。第一次世界大战中，铁铲和铁蒺藜网这两样算不上工业先进成果的东西，封锁了整个西线。而战略轰炸，用到的是最先进的技术和最精细化的工厂，则在第二次世界大战中失灵了，在朝鲜战争中失灵了，并且在越南战争中大张旗鼓地再次使用，也还是失灵

---

1 forge，锻造炉，亦有动词稳步前进之意。

2 arms，亦有武器之意。

3 联邦军（the Union），特指美国南北战争时期北方的美利坚合众国（简称联邦）军队。

了。"军事实力等于经济实力"这种说法，在报纸上听起来提气，但在历史中却并不如此。

不过，工业实力竞赛中的领先地位这个隐喻中错得最离谱的是，它暗自假设，在各个国家中第一名的位置要远好过第二名，或者第十二名。领先地位的意思就是第一名。用伟大的橄榄球教练文斯·隆巴迪（Vince Lombardi）的话说："获胜并不是最重要的；获胜是唯一重要的。"

兰德斯正确地指出，"在（欢呼普鲁士于 1870 年战胜背信弃义的法国的）十五年中……工业革命和人口增长的不同速度已经让德国一跃成为欧陆霸主，并把法国远远地甩在了后面。这时，英国人才如梦初醒。"（1969，p.327）他说得对，实际上英国人在 19 世纪 80 年代确实为德国"霸权"感到焦虑，而且也确实提到了"醒悟"的必要性。无疑，当时的英国人确实相信了隆巴迪的格言，要么当"第一"，要么一无是处。

这是知识分子常见的焦虑，这种焦虑也见于现在的美国，或者日本和欧洲。记者们和教授们都着了迷，都把对外贸易当成了一场橄榄球赛。然而历史学家就很能抵御诱惑，不在自己的材料里使用各种运动或者军事的隐喻。兰德斯在这里向魔法投降了，他无意中断言了成为第一和唯一的第一名有多重要。举个例子，"确切地说，要展示这些警告的夸大之处实非难事。德国在商业实力上所取得的成就，仍然被英国远远地甩在后面……"（p.328）兰德斯在他的历史材料和经济学故事中并没有用到他的批判性思维。有关疾病、挫败（defeat）和衰退（decline）的隐喻都紧紧锁定在经济学故事中第一名才是对的这一点上。隆巴迪的格言对于狭义的比赛而言很有意义。只有一个队能赢得超级碗。但是对第一名的执迷让人们忘了，在经济事务中成为第二名或者第十二名也是极好的事儿。

换句话说，对于19世纪晚期的英国经济故事而言，运动比赛类隐喻并不是很好的主题。英国当时的四千五百万人并没想在德国或者美国身上赢得几分。他们只是想养家糊口，或者有机会走进天国之门，他们都自食其力，在没有什么集体目标的情况下每天做着个人选择。1870年之后的一百年里，英国居民所处的环境——或者在一个自19世纪中期就开始整合的世界经济中——让他们有了逐步扩展的选择；而且相对来说，他们从一开始就已经很富裕了。经济增长竞赛中第二名的奖励并不是贫穷，而是极大的富足，虽然一些更穷的人相比于某些人群而言富足的程度较低。换句话说，英国自1870年起就已经在一个很高的基础上发展得相当好了。

相比之下，悲观主义者绘声绘色所描绘的疾病则浪漫得致命；输掉比赛和军事失利残酷得很；而从之前的伟大衰落下来则是不可逆转的大灾难。历史学家可以把第一个工业国家的故事讲成一次失败，在和其他一些国家或者跟自己纵向几十年的比较中，他这么说也不能算错。20世纪末，这样的历史学家能在美国卖上不计其数的书，因为美国人——至少那些写报纸文章和制定贸易政策的美国人——当时正经历这种新的对"失去领先地位"的焦虑。

然而，从更广和更长远的视角来看，在赛跑中失败这个隐喻是非常不恰当的。在英国人之前，荷兰人是"失败"的。实际上，荷兰共和国从一建立就开始"衰落"。那么结果是什么？灾难？贫穷？还是经济"崩溃"？根本不是。荷兰最终变成了一个又小又弱的国家，失去了它的帝国，不再是世界政治中那个可以发号施令的大国，它变成了欧洲角落里一个小小的说荷兰语的小岛——但却极其富有，并且是当时世界上收入最高的国家之一（现在也一样），人均国内生产总值是1900年的四倍，用除了隆巴迪的标准之外的任何其他标准来衡量，荷兰都是极为成功的。

尽管不够恰当，悲观的故事仍占据主流。据说英国在1870年之后经济增速下滑的原因是，英国没能跟上技术革新的步伐。这当然是和英国在19世纪中叶和与新兴的工业化国家相比而言的。因此，据说这个失败导致英国在全球市场份额下跌。比如，马丁·威纳就用悲观的故事说英国在1901年"将创新和强势拱手相让"（1981，p.158）。这样的言论与别的乐观故事格格不入，这些故事讲的是一个不那么笨重的英国，积极取得创新和强势的主张，如雷达、不列颠战役、喷气发动机和 DNA 结构。

讲故事的方式塑造了一个人对维多利亚时代失败的印象。叙述的周期——比如，一个人需要寓意去讲故事，但故事本身就产生了这一寓意——从读者的角度看，这与"诠释的循环"很相似（也即一个人需要知道语境才能明白细节，但也需要知道细节才能了解语境）。这是不可打破的。威纳、兰德斯、拉让尼克或者我所想要讲的有关维多利亚时代经济的故事，如果不能决定，那么至少也会改变我们真正讲出来的故事，因为从讲故事的人和读者两个方面来看，这个即将讲到的故事都将决定哪些事实是相关的。埃尔鲍姆和拉让尼克想让他们的故事作为之前发生之事的恶果，从一个更社会学的角度看，兰德斯和威纳也是一样。龟兔赛跑的故事毕竟还是有长久的吸引力。

像我这样的乐观主义者希望它是一个有关"正常"增长的故事，在这个故事里，英国最早实现"成熟"。乐观主义者说，根据国际标准来看，那些失败是很小的，即使是在钢铁和化工这些在英国被认为做得很差的产业中也是如此。大家都勉强承认，在造船业、保险业、自行车生产和零售业，英国做得还不错。但不管是不是"做得不错"，英国经济增长主要并不是取决于一直保持在第一名的位置上。1890 年的英国可能预期增长速度还不如当时新兴的工业化国家。英国周边国家首先实现了某一增长速度，然后才在某一个时间被其他国家的增长率"超过"。比利时是另一个早期的工业国家，而且也经历了一个类似的相对衰退期，尽管很少有人注意到这一点。总体而言，将细节上各国微小差异中的细微变量都考虑在内，富裕国家呈现出趋同的趋势。

在这个故事里，英国没发生什么糟糕的情况，也不太可能出现神经质的抱怨或者排外的歇斯底里。英国在全球市场份额的下降并不是"失败"的表征，就像一个父亲不会把他在家里的重要性因为正在长大的孩子而相对下降视为"失败"一样。这是成熟的标志。

19世纪晚期至今，随着其他国家达到或者超过英国的生活水平，波动的收入水平成了英国最主要的故事。1900年到1987年间，英国效仿德国重视关税，虽然最终国民产出比德国少了8%，但英国国民产出增长了228%，而这才是真正重要的。从印度的角度看，英国是发达国家中的一员。过去一个世纪的悲剧并不在于工业化国家前列间相对次要的争夺。真正的悲剧是工业化国家前列与后方追随者之间令人震惊的差距。

这个故事也可以用世界增长和贸易的顶尖学者——安格斯·麦迪森（Angus Maddison）的表格数据来讲。最近他汇总了1900年至1987年的31个国家和地区的产出数据。用1980年的购买力来表达，表一给出了一些国家和地区的数据。

表一 各国统计情况：1900 年和 1987 年的富国与穷国
（以 1980 年购买力计算，单位：美元）

国家或地区	人均国民产出		增长系数
	1900	1987	
富国			
英国	$2 798	$9 178	3.2
比利时	2 126	8 769	4.1
法国	1 600	9 475	5.9
德国	1 558	9 964	6.4
美国	2 911	13 550	4.6
新兴富国			
日本	677	9 756	14.4
走向富裕的国家			
韩国	549	4 143	7.5
苏联	797	5 948	7.5
新兴穷国			
阿根廷	1 284	3 302	2.6
穷国			
印度	378	662	1.8
墨西哥	649	2 667	4.1

来源：Angus Madison（1989，p. 19）.

如果接着用赛跑的隐喻，就全场比赛而言，不管是领先还是落后选手都有显著进步——通常是以 3 倍或 3 倍以上的真实人均产出速度在进步。这里的主要故事是普遍而令人意外的进步。3 倍及 3 倍以上的人均收入增长让人们摆脱了苦难，也让很多本可能沉沦的人有机会过上负担得起的生活：想想你的曾祖父母吧！在麦迪森的31个案例中，日本从落后选手变成了领头羊，而阿根廷正相反。韩国和中国台湾地区最近也显现出同样令人意外的增长（自 1950 年以来，人均产出是原来的8倍），且自成一类，与日本模式相似。除了这四个案例外，其他各个国家或地区在赛跑中的情况如表二所示。

表二　自 1900 年起，世界各地的人均产出都有所提高，
而富国的提高高于穷国

	1900	1987	1900—1987 年间的 增长系数
领先国家或地区（15）	$1 893	$10 235	5.4
后进国家或地区（13）	573	2 270	4.0
增长变化系数	3.3	4.5	

来源：Maddison（1989）.

　　注：领先国家或地区：澳大利亚，奥地利，比利时，加拿大，丹麦，芬兰，法国，德国，意大利，（日本除外），荷兰，挪威，瑞典，瑞士，英国，美国。后进国家或地区：孟加拉国，中国，印度，印度尼西亚，巴基斯坦，菲律宾，（韩国和中国台湾地区除外），泰国，（阿根廷除外），巴西，智利，哥伦比亚，墨西哥，秘鲁，苏联。

　　直到 1980 年左右，比赛中落后的选手才开始达到 80 年前领先者们达到过的水平，而经济学家至今对其中原委缺乏足够的认识（除了认为这种落后并不是因为帝国主义的盘剥以外）。似乎从 1900 年至今，富裕国家增长的四分之一与富裕国家所拥有或获得的特殊优势有关。但另外四分之三的增长（也即 4 乘以 1 893 美元再除以富裕国家最终状态的 10 235 美元）要归因于全球性势力，这些力量强大到足以克服一般贫穷国家的增长障碍。

换句话说，在有关英国失败的文献中，选择悲观故事的问题在于，它把英国经济增长那令人满意的结果说成了一个悲剧。这类故事在跟世界上大量真正的悲剧相比至多只能算乏味无趣的——比如说阿根廷，曾经很富有，现在大量使用补贴但产出却很少；或者印度，在接受了无数专家的经济建议后竟然深陷于贫穷的泥淖。有关英国悲观主义最糟糕的情况，则是一种不道德的自我关注和民族主义妄语，伴之以军乐队演奏《希望与光荣的土地》[1]。经济学家和历史学家似乎已经混淆了这样两件事：一是英国人均收入已经是菲律宾的六倍，是印度的三倍——这是几百个百分点的差别，而社会学、政治学和文化的力量必定会对此做出解释；另一件事是，为什么 1987 年英国人均收入比法国低 3%，而较比利时高 5%，这个问题更微妙但也更无足轻重。

在全球范围内的收入增长大爆发面前，执迷于英国比其他一些领先国家"落后"一点点，这本身就值得大书特书。或许如隆

---

[1]　《希望与光荣的土地》或《希望与荣耀的土地》（Land of Hope and Glory）是一首英国爱国歌曲，由爱德华·埃尔加作曲并由 A·C·本森于 1902 年作词。

巴迪所说，这种执迷是来自第一名的自豪。很多英国人感叹大英帝国的陷落，而乐此不疲地将一个五千五百万人口的工业化强国描述为"一个小岛"。一个普通人并不觉得白金汉宫里有没有印度女王[1]是多么要紧的事，而知识分子则在酒吧里因为失去了一个教育当地人的工作岗位而闷闷不乐。很多美国的意见领袖采取了英国人的这种绝望心理，沉沦在貌似聪明的话语中，比如"我们必须做得更好"。不过要不了多久，那些噘紧上嘴唇的老伙计也会这样觉得，呃，说什么呢？在讽刺这种假惺惺的盎格鲁撒克森人的伤感上，没人能比塞拉斯（Sellars）和耶特曼（Yeatman）的经典《1066年那堆事》[2]更老道了。他们对英国历史的叙事从蓝色凯尔特人和英国女英雄布狄卡（Boadicea）直到现代，并在第115页上戛然而止，也即在第一次世界大战之后——因为从那以后，"美国成了顶级国家，而历史也画上了一个'句号'"。

元故事

讲故事的习惯也以另一种方式影响了有关维多利亚时期失败

1　英国女王在殖民时期也拥有"印度女王"头衔。

2　讽刺性的英国历史书《1066那堆事》（*1066 and All That: A Memorable History of England*）。

的文献。这些故事是有意识形态意义的。政治的元叙述（meta-narratives）可以是心照不宣的，就像威纳或者我自己在写作中所体现的那样，或者也可以是公开言明的。埃尔鲍姆和拉让尼克就采取了令人敬佩的公开的方式："然而，站在历史的角度，我们必须解除国家激进主义为英国相对较差的经济表现所承担的主要责任"，因为，毕竟在他们的故事中，英国糟糕的经济表现要追溯到更早的自由放任时期（1986，p.11）。他们在章节末尾攻击了撒切尔政府关于"英国'自由市场'经济中存在潜在的力量，能够使国家走向繁荣"的看法。相反，他们对"产业计划的经济收益"表现出了信心。（p.16）

而学术文献本身的故事也很重要。再重复一遍："我们的生命不停地与叙述交织在一起，和我们讲述和听到的故事交织在一起……所有这些都在我们对自己讲的关于自己的人生故事中被重写。"（Brooks，1985，p.3）对历史编纂学的控制与对历史本身的控制同等重要。经济学家和历史学家讲的是他们自己的学术故事，而且想把它们强加给别人（在技术经济学中对该主题新近发展的精彩研究可见 Weintraub，1991）。

正如经济学或史学中最活跃的领域一样，有关维多利亚时代经济故事的学术故事中占主导地位的隐喻并不是知识的稳定积累，而是冲突。埃尔鲍姆和拉让尼克在他们 1986 年编辑的著作开头介绍了古怪的新古典经济学家与其他经济学家的冲突，尤其是与无畏的马克思主义经济学家的冲突。而在 1971 年，麦克洛斯基和桑德伯格（McCloskey and Sandberg，1971）业已对另一群经济学家采取了同样的方法。我们并不难猜到在这两桩事中故事是如何得以框定的：二者都说，这篇论文是对谬误长期斗争的结果。

历史学写作者必须把自己放在故事结尾，来达到一种戏剧效果。因而另一个参与了维多利亚时代经济失败大讨论的学者罗伯特·艾伦（Robert Allen），也在一篇本可能十分技术性的文章开头效仿麦克洛斯基的思想史著作，他用麦克洛斯基的方法过了头。（Allen，1979）在数学中，这类评论是作者的动力，是关于作者自己生活的故事，它讲的是上帝作为他的先知，如何引领作者，到达光明。

由于历史学家和经济学家被训练到对自己的修辞无知，他们也就没有意识到他们正在编自己的人生故事。具体而言，他们对历史本身所采用的标准，并不会用到自己身上。经济学家尤其如此，因为他们在讲站得住脚的故事之前，并没经过有自我意识的训练。其他科学家也是一样，他们认为自己的故事并没什么历史意义。一个化学家对哪怕是新近的化学史的理解，也会包含辉格派那样的故事，认为真正的启蒙本就如此，没什么可说的。看到历史地理学家、古生物学家和历史学家在阅读本学科的历史时理解更深刻，就没什么稀奇了。尽管如此，历史学家对存在争议的历史所采用的标准，还是要比对那门学科本身采用的标准低很多。对与学术争议相关的证据进行压制和错误报道，在专业致力于打破对证据进行压制和错误报道的学者中比比皆是。

不妨看一下马丁·威纳（1981）对历史经济学家和乐观经济学家的批判。在书的附录中，他记录的学术发展史是极为偏颇的，就如此类历史中所惯见的那样。附录中著名的脚注 11 就是一个例子。正如教授们所知，脚注往往包含了元故事（meta-stories）。威纳开始（错误地）引用经济学家威廉·肯尼迪（William Kennedy）对麦克洛斯基研究的批评，却没有引用麦克洛斯基的各类回应——其中有一些指出了肯尼迪方法中存在的致命弊端。他引述说，经济历史学家彼得·佩恩（Peter Payne）在 1974 年对维多利亚时代商人很成功一事表示怀疑，但却没有引用其在《剑桥欧洲经济史》（1978，pp.208—210）一书中所写的章节，在那些章节里，这些怀疑都消失了。威纳还把巴里·苏普莱（Barry Supple）对麦克洛斯基的钢铁一书[1]的赞誉和巴瑞克·索尔（Berrick Saul）对弗拉德（Floud）的工程一书的评论说成是"致命的"（critical）。他把历史经济学家、制度经济学开创者道格拉斯·诺斯说成是历史经济学的批评家，

1　指的是麦克洛斯基的《*Economic Maturity and Entrepreneurial Decline: British Iron and Steel, 1870—1913*》一书。

76

并因此断定，诺斯反对那些认为维多利亚时期商业很繁荣的学者。他在结尾引用历史经济学家尼古拉斯·克拉夫茨（1979）对麦克洛斯基1970年论文的尖刻批评，而刻意没有引用麦克洛斯基在同一期期刊后面几页中同样严厉却有效的反驳。换句话说，威纳把自己当成了维多利亚时代经济增长研究作品中公允的材料选择者。但实际上，他的故事失之偏颇，只选择了证据的一半。如果威纳在书的别处也这样做（而他并没有），那么是不会有历史学家相信他的。

　　我要说的并不是威纳这个人有多大过错。就让那个在家庭争吵或者学术辩论中从没编造过学术历史的人上前一步，扔出第一块石头吧。[1] 我要说的是，讲有关学者学术生活的假故事是不行的。

　　这类假故事往往建立在低劣的社会学，或者甚至是更加低劣的政治决定论之上。这里我还要说，威纳确实得到了特别的奖励。比如，他"解释了"地位显赫的马克思主义历史学家埃里克·霍布斯鲍姆（Eric Hobsbawm）的观点，认为那是他马克思主义"教条"的一个体现，而认为麦克洛斯基的观点是"另一个十分不同的意识形态角度"的教条（p. 168，169）。威纳在修辞上的转变可以叫作"动机主义"（motivism），这个概念的意思是，如果我声称已

1　引用《圣经》典故。

经确定了你持某一个特定观点的动机（往往说服力很低），那么我就以某种方式削弱了你的观点（Booth，1974，p. 24ff）。因此，"你是一个马克思主义者，正如《时代》杂志的读者们所知的那样，这也就是为什么你认为夺取对工作场所的控制的斗争在19世纪十分重要的原因。啊哈！被我逮到了！"正是这样，在维多利亚时代失败这个争议问题上，不管是中央计划派还是自由市场派都不得不调整本来的观点，或许是因为他们常常就是这种动机主义的受害者。只有处在光谱中间位置的人才会把学术上的麦卡锡主义视为一种无害的娱乐。

即使是看似扎实的社会学，往往也无法与原住民的知识匹敌。[当今人类学家常常担心他们理解不到萨摩亚性生活的笑话，或者埃隆哥特（Ilongot）部落猎头的笑话；见Rosaldo，1987；Geertz，1988。]

举个例子，一个关于维多利亚时期历史编纂学的故事可能就会像这样。戴维·兰德斯，先后在伯克利大学和哈佛大学执教的声名显赫的历史学家，是个顶尖壁球手和古董钟表收藏家，精通巴黎腔调的法语，是一帮反经济"制度学派论者"（institutionalists）中的一员，这个学派可以追溯到19世纪桑巴特（Sombart）的德国历史学派。兰德斯著作的第一稿完成于1954年他青年时期的一次会议上，那时他受到了哈佛商学院的阿瑟·科尔（Arthur H.

Cole）的影响。1946 年，科尔写道："一个几乎总被我们视为不言自明的假设是，所有商人的目标是，而且永远都是，利润最大化，而几十年来，这个假设已经成为经济理论的基本要素，但实际上没有证据表明这个假设是正确的。"[1953（1946），p.188] 这是历史经济学家们最终接受的挑战。其中一位应战的是亚历山大·格申克龙，一个渊博的俄罗斯—奥地利—美国经济学家，他注定成为这个领域的耆宿，当时他在哈佛，是个年轻的经济学教授（尽管比兰德斯年长），与科尔（他比格申克龙年长）家隔着查尔斯河相望。格申克龙在一次与兰德斯的冲突中接受了挑战，而从 1953 年到 1954 年两人之间的针锋相对记录在了科尔的《创业史初探》（*Explorations in Entrepreneurial History*）期刊中。

[历史中最诡异的一页是《初探》（*Explorations*），这个制度学派论者的期刊，最终却成了《经济史初探》（*Explorations in Economic History*），而这本书大部分通过反制度学派的方式得出商人确实是追求利润最大化这一结论。]

后来，到 1966 年，格申克龙让他的经济学研究生麦克洛斯基在一次晚餐研讨会上当着兰德斯的面讨论兰德斯的书。用哥伦比亚大学社会学家罗伯特·莫顿（Robert Merton）直截了当的风格来描述对此的分析就是：马歇尔、格申克龙、麦克洛斯基用数据对付桑巴特、科尔、兰德斯的文字；新古典经济学对付制度经济学；

教授让学生攻击他们的对手；影响力的范畴像地铁线路图一样鲜明；一个看不见的学派对付另一个看不见的学派。历史用耳语般的野心欺骗了我们，却用虚荣指引着我们。

[历史的另一个人工雕琢的走廊是《创业史初探》以新的名字成了计量经济史学会（Cliometric Society）的官方期刊，而麦克洛斯基是这个学会的联合创始人之一。另一个是兰德斯后来去了格申克龙曾在那里对他鄙薄的那个经济学院。]

但这完全不是事实。社会学并没有捕捉到故事中的正确故事。实际上，兰德斯在1966年的晚餐研讨会上很乐意接受批评，在1970年第一次关于这个话题的会议中也是一样；而且他愿意按照量化博弈的规则行事（不像他打壁球，量化博弈他一般都要输）。格申克龙并不是反对文学来源的狂热分子，而且并没有让他的学生去攻击自己的学术对手的习惯。有关1870年到1913年英国钢铁工业的那篇学期论文成了麦克洛斯基的博士论文，而且麦克洛斯基在1965年仲春时节写好这篇论文时，还没听过戴维·兰德斯这个人和他的著作，真正听过他和他的著作，是在写完论文的6个月后。这篇论文是为塔夫茨大学（Tufts University）的艾伯特·音拉（Albert Imlah）的一门课写的，这位教授既不敌视商业史，也不敌视创业史，而且还在格申克龙病休的时候为他代过课。当时，麦克洛斯基还不认识格申克龙，也尚未决定专攻经济史，更不知道格申克龙本人对创业史这种研究进路（approach）十分怀疑。《剑桥欧洲经济史》直到 1965 年才出版，而麦克洛斯基直到那次晚餐研讨会上才读到这本书（我有他在 1966 年一月写下的阅读笔记）。"企业家精神"（entrepreneurship）一词并不是由兰德斯在 1965 年（或者 1954 年）引进到有关英国钢铁工业的讨论中的，而是由伯纳姆（Burnham）和霍斯金斯（Hoskins）在 1943 年引入的。

对这一情况唯一真实的社会学研究很像是修辞学。当出现经济表现的问题，一个受过训练说起话来像 20 世纪 60 年代的经济学家的年轻经济学者，很可能会使用生产率的衡量数据和数字的修辞；同样，一个受过训练说起话来像 20 世纪 50 年代早期的历史学家的人，则很可能会用到商业史和散文的表达方式。

我要说的是，草率的社会学，尤其是关于一些狭隘解释利益的社会学，不管是政治的还是个人的，都不能成为好的思想史。我已经说过，思想史是历史争议中的一个修辞性的举动。庸俗的马克思主义或者庸俗的资本主义在经济史中只能成为坏故事；庸俗的社会学在相应的思想史中也只会成为坏故事。高度发展的社会学，是的，确实能造就好故事（这样就够得上修辞的严谨了）；而庸俗的社会学，将思想与芝加哥居民身份或者注册为民主党人相关联，就不能造就好故事。

文学批评家诺思罗普·弗赖伊写过文学"和用词汇建立起来的研究之间的关系，如历史、哲学、社会科学、法律和神学，多多少少就像数学和物理科学之间的关系一样……纯粹数学进入物理科学而且赋予其形式，而且……文学的神话和形象也进入我们用词汇建立起的研究的所有结构之中"（1964，p.127）。弗赖伊将数学从人文科学中剥离出去就是两种文化的说法（two-culture talk），这种剥离其实毫无必要。经济学是人文科学，但也是适度数学化的。但他对这种观点的另一个角度的表述是对的。经济学故事更多从文学中吸取灵感，宽泛地讲，比如选择连续性和非连续性，在龟兔赛跑的讽刺中沾沾自喜，加入某个学派来对抗另一个学派，或者讲一个我们自己生活的故事，在其中我们最后成了主角。除非认识到他们自己就是历史学者或者讲故事的人，否则经济学家和其他专家还是会很不明智地抗拒历史事实或者历史观点。

第四章

经济学修辞对故事线的帮助

经济学故事靠的是修辞。这里并不是要指出运用了哪种修辞并对其加以批判。修辞是不可避免的。一个经济学家或者历史学家难免要进行修辞性写作，因为任何观点都包含修辞，包含一种观点（argument）的风格（style），这里用"观点"来表示"任何对读者的匠心设计"。对随机事实的收集和各种各样逻辑的点滴并不能加总成为一个观点；但只要作者热衷于模型或者故事，那么事实和逻辑就会在其中各得其宜，这个作者也就已经开始说理（argue）了。要是一个人想让别人觉得这个或者那个故事好，不依靠修辞是不可能的。"光把事实给我"（Just give me the facts）本身就是修辞，萨金特·弗雷迪（Sergeant Friday）通过声称不对他的案例进行说理来说理。进行修辞性写作并不比有节奏的呼吸更可恶。

那些我们通常认为是修饰形式的问题，实际上往往是说理的问题。保罗·富塞尔（Paul Fussel）写道，甚至在诗歌中，"韵格（meter）就做到了说理。韵格就是诗。诗歌艺术是对语言和人同样了然于胸的艺术。诗歌是一种注意力集中在两个方向上的艺术……关于技术性的东西作用到读者身上时读者如何反应的那种知识，控制着诗人对他的技巧的处理。而对读者产生的影响则是诗的目的"（1979，p.104）。

角色

当然，仅在历史研究中，比如在维多利亚时代失败的研究中，大多技术性修辞都用在故事上，从而承载了大部分说理。

让我们考虑一下修辞的第一个原则：作者假想的角色会影响读者阅读文字的方式。这个原则在希腊语中是 Ethos，也即"习惯"、"角色"，和"道德印象"。经济学和历史学写作者往往在他们的文字中添加道德说教。这并不稀奇，也算不上什么丑闻。相比于国会议员，我们当然更听总统的，对老板的话也比对助理的更在乎。一个作者也当然愿意让别人以为自己值得受到科学的重视。非经济学家则在历史写作中用类似"经验丰富的专家"（The Sophisticated Professional）或者"历史学家（The Historian）"的角色来实现道德感召。要是选择的角色没有低到角色选择本身，那么每个人都会诉诸角色。

经济学以及历史经济学的复杂性会加强这种诉诸科学家（The Scientist）人格的趋势，而且往往很可笑。学术的复杂方法——此在（*Dasein*）或者人口统计学，让所有人着迷。人们不情愿地看到，说理中的模糊还是很有用的。最近，有人把一本以极端含糊出名的法国历史学家的书，翻译成了平实易懂的英语。这本书变得明白易懂之后，人们发现他的说理十分简单，甚至有点没头脑。这个声名显赫的历史学家因为译作的明白如话而大发雷霆。他抱怨说，这个译本没有捕捉到"我的深刻"（*ma profondité*）！

人们喜欢使用深刻思想家（The Profound Thinker）这个角色的想法确实很可爱。对经济学家的教育会灌输"处理深刻问题的科学家"这样一个角色到他脑海里。比如，历史经济学家威廉·肯尼迪用深奥的术语，认为维多利亚时期英国工程部门和其他先进的产业部门本可以增长得更快："这类反事实的经济活动产业部门转移中产生的保守估计的收益……占到了英国 1913 年国民生产总值（GNP）的 25% 至 50%。"（1982，p.105）产业部门重组本可能使英国经济总产出增加四分之一到一半。这看上去十分了得。

这个端的了得的结论来自一个深奥复杂的计算："总体平均增长率或可定义为经济中各组成产业部门增长率的加权平均值（等

式中定义总体增长率为各组成部分增长率之和）……这样一来就有可能把等式（1）中定义的计算单位进行转化，使得下面反事实的可能性得到考虑。"（等式接下来显示，当一个经济部门增长率提高时，整体增长率的变化。）他接下来花大篇幅用四个大的表格把"反事实"计算到了五位数的精确值。

比一般经济学中惯见的更为直接，肯尼迪的观点预设了结论。其观点的开头和结尾是这样的：在没有其他生产产出减速的情况下，如果某一产品的产出加速，那么英国的产出将更多。让人震惊的是，这就是"或可定义为"和"换算单位"以及"反事实的可能性"这些全部听起来很麻烦的工具加总的方法。这里的经济学的确是，如果2+3=5，那么如果2增加，5也会增加。经济学的稀缺理念——也即一个2的增加可能必须要从3中得到一些劳动或者机械——在他的经济学中根本不存在。如果一个教授写了更多的书，并且他教课的时间没有减少，那么他的总体产出将会更多。如果你花更多的时间看电视，并且不减少在其他活动上花费的时间，那么你的一天会变长。

从特定意义上来讲，这是一个"反事实"的观点。它并没有问，如果我们的世界在某些小的方面进行调整，哪些事情可能会合理地发生；它假设的是一个到处都可以吃到免费午餐的世界，在这个世界里，英国的工程领域可以在其他产业部门无须负担成本的情况下发展得更快。如果更多生产产出无须付出成本，那么英国本可以变得更加富裕。好吧，是的。但如果可以变得更富裕25%或者50%，那么为什么不能更富裕100%或者500%呢？为什么不能是10 000%呢？我们要做的只是去想象一种"反事实的可能性"（比如说，工程一年增长300%），然后通过在多重运算的数学里添加各种数字的深奥（*profondité*）来迷惑我们自己，而让别人叹服。

　　复杂的观点就有这个危险，也即，复杂甚至会从结构本身掩盖对常识和理性的违背。这一点在科学说理中十分常见："布朗先生的观点太复杂了，就像眼里的沙子（sand-in-the-eyes）。"比如在经济学家中，这种观点业已扼杀了大规模统计模型，至少对于科学的政策制定目的而言。要是有人建了一个包含500个等式的模型，而且不能把它简化，那么我们不可能明白其中的道理。它不能用常人能够理解的方式说服别人。没错，你可能会说"相信我，这个模型是对的"。这种说辞在20世纪六七十年代说服过经济学家。但现在不管用了（除了在政策预测的特定任务中可能管用之外）。没人会质疑将航天器送到火星的计算，虽然它也很复杂，因为我们对计算中的万有引力定律很有信心（虽然实际上天体动力学中的扰动理论有着让人怀疑的复杂性）。但是当人们不那么理解运动定律时，大家都会对盲目复杂的计算产生怀疑，比如在经济学中就是如此。

因而，在有关英国的文献中也用到了复杂性，这种复杂性是对权威角色的反对，也是反权威的证据。这也是历史经济学家斯蒂芬·尼古拉斯（Stephen Nicholas）在 1982 年的一篇文章中的修辞脉络。那时，生产率计算方式让维多利亚时期的商人重新获得竞争力美名，而尼古拉斯对这种计算方式产生了怀疑。借助早期经济学家们所声称的作为新古典计算基础的"假设"，尼古拉斯让历史学家和经济学家都产生了怀疑。在用简练的语言评论了从兰德斯开始直到 1982 年的辩论之后，尼古拉斯开始"解释"他将要批判的计算（p.86）："现假设（注意这里借用数学语言的表达方式）该经济单位是一个利润最大化者，受线性齐次生产函数的约束，并处在完全竞争的产品与要素市场中。在这些限制性假设下，边际生产率分配理论下的边际生产率就等于要素回报的边际产值。这遵循欧拉（Euler）定理……"

对《经济史评论》（*Economic History Review*）的大多数读者而言，他不如干脆这么写，"假设 XX 是一个 X 最大化者，XX、XXX 和 X 处在完全的 X 和 XX 中。在这些限制性假设下，XXXXX。这遵循 XX……"能理解这些观点的读者必定早就理解了这些观点。而不能理解的人占读者中的大多数，他们只会注意到其中涉及"限制性假设"（尼古拉斯在 1985 年的著作的第 577 页中做了类似的事）。这一段用到了解释的外在形式。但这种解释只是吓到了旁观者，这也是其目的所在，让旁观者以为新古典计算中做了无数奇怪而且令人费解的假设。（虽然扯得有点远，但确实计算中根本没有用到他提到的任何假设；这只是一种手段；它用到的假设并不比浴室磅秤多。）尼古拉斯正是用深刻思想者的角色来保护无辜的读者免受其他深刻的（但不负责任的）思想者的愚弄。

感染力

与角色（也即听众给予演讲人的注意力）对应的是感染力（*pathos*），也即演讲人给予听众的注意力，让听众流泪或者欢呼的努力。感染力塑造了它的隐含读者（implied reader）[1]。让我们再看一下兰德斯在 20 世纪 60 年代的那篇论文，其中特别直接地"使用了修辞"（尽管我们需要注意"使用修辞"并不仅限于最好的作家，比如兰德斯；修辞并不仅仅是优雅的）。兰德斯论文的隐含读者被感染成为他的盟友。在"现在是时候把我们的故事中的线索拼凑起来，并问问我们自己为什么西欧各国会实现它们那样的增长和变革。"（1969，p.326）而其中的读者就是"我们"中的一部分。兰德斯悄无声息地走向了他的读者。在读者感染力方面，历史学家兰德斯与历史经济学家对比鲜明，比如罗伯特·福

---

1 也可译为"蕴涵读者"。

格尔（Robert Fogel）或者麦克洛斯基这两位历史经济学家，他们使用的是更加通俗的、和律师一样平实的表达风格。这些佩里·梅森（Perry Mason）[1]隐含读者们既不是持有福格尔或者麦克洛斯基大肆批判的观点的傻瓜，也不是作为他俩的盟友而热衷于对这类傻瓜嗤之以鼻的人。数学和历史中的争议，往往成了无声的存在，甚至当这些争议风格尖锐而明显的时候也是一样。只有极少数历史学家，像赫克斯特，才会像早期的福格尔或者麦克洛斯基这类历史经济学家那样激进地塑造他的读者。兰德斯的隐含读者更包容一点。

风格

接下来是风格（style）。故事的修辞会对密切关注词汇。比如，看看下面这句话：一段试图显得权威的文本会使用格言式的语言，正如你现在读到的这句话，或者在《圣经》英译本中所见到的那样，抑或，再说一遍，像戴维·兰德斯的文字那样。兰德斯专门用它来代替社会科学理论，也用它来为应用社会学和有关增长的大量经济学文献服务。所以在第 335 页的一段中："大规模、机械化的生产不仅要求（requires）有机器和厂房……还要有社会资本……

1　Perry Mason 是一个美国律政剧中的虚构人物。

这些是（are）很昂贵的，因其所需要的投资是（is）大块的……这些投资的回报往往是（is）延期出现的。"相反，这一段的最后两句话又回到了过去时的一般叙述："这种负担有增加的趋势（has tended）……已（has become）成为一个谜。"

这种格言式的现在时表述声称自身具有普遍事实或真理的权威（这是它在语法中的别称）。[1]但它所断言的事实是否为历史事实（事实上，1900年"这种投资"的回报从某种程度上说延迟得太久了）还是一种不受时间影响的科学隐喻（在我们讲的这种经济学中，这类回报往往是长期延迟的），抑或可能仅仅是一种逻辑的同义反复（"社会资本"的意义被解释为一种通常比较有用但回报被长期延迟的投资）。在修辞四法宝中的意义上，一种修辞可以借另一种增强声誉和说服力。这种说法认为："我作为一个历史学家，告诉你有关欧洲的历史事实，这是其一；但我也作为一个能够掌握最好的建模的社会科学家，能给你一个最精细的例子；而且如果你不喜欢这个例子，你可以这样想，不管怎么说，就定义而言，我的事实在逻辑上都是成立的。"

这种格言式的现在时大量出现在兰德斯的观点中，而这也无可厚非。兰德斯用这种手法替代经济理论。他需要一些手法来代

---

1 在英语中，一般现在时态往往用于描述事情当下的状态或一般真理。

替经济学中的故事，而这种格言式的现在时既能把故事连接在一起，也能明确解释经济学理论。举个例子，我们可以注意一下第336页中的时态，在一些有关事实成立与否的内部矛盾（aporia）（逻辑怀疑）之后，"那么，首先说领先者和跟随者之间差距是（is）没有那么大的……优势存在于（lies）后来者。而这是（is）因为后来者要追赶上来，需要（calls）富有企业家精神的……反应"。一般而言，且作为一种经济定律，后发者具有优势，这是兰德斯用推论的形式提出的（一般经济学理论没有这样说的，但格言式的现在时就是这样提的）。而实际上，这一结论确实遵循前面几个断言的递推逻辑，这些断言本身也是用格言式的现在时态加以表达的[例如，第335页，"因而有（are）两种相关的成本。"]。

统计数据也会成为支撑一个故事的风格。经济学家和量化历史学家把数据当成证据（Proof）来用，也即用在故事讲述中的上诉法院里，这只是些事实，女士。相比而言，兰德斯和其他非经济学家更愿意用散文风格来使用数据，就像使用引语一样。虽然按照其他历史的标准来看，兰德斯在写作中频频使用统计数据，但这并没有起到支撑观点的作用。我们可以简单地认为他使用这些数据，从诸如《马尔霍尔统计辞典》（*Mulhall's Dictionary of Statistics*，第四版，1909）这类可疑的信息来源中任意摘取数据，而这种书简直是编造事实的奇葩。

与之相比，大多数历史经济学家在写作中使用到的数据都是专著性质的，比如需要得出的结论，观点的产出，故事的讲述方式，就像我在最后一章中使用麦迪森数据那样。经济学家拉斯·桑德伯格（Lars Sandberg）对维多利亚时代棉纺业的环锭纺纱做了统计（1974，第 2、3 章）；彼得·林德特（Peter Lindert）和基思·特雷斯（Keith Trace）对维多利亚时代化工业的索尔维流程[1]进行了统计（1971）；查尔斯·哈利（Charles K. Harley）对早期工业增长做了统计（1982）。他们的统计做得对不对在这里不重要。重要的是，经济学家偏爱对观点中的数据做一系列账目。可以说，会计学（accounting）是经济学最主要的隐喻，是其量化部分最主要的内容来源。这种隐喻让非经济学家惊慌失措，从迥然不同的各类数据来源获得的数据都被塞到计算中，这让他们困惑不已。

诗学：隐喻协助故事

修辞中一个重要的问题是选择怎样的隐喻来讲故事：叙述者用什么寓言来塑造数据？在最软的和最硬的科学里，隐喻的选择反映了作者的世界观和要审视的证据。一种世界观取代另一种世

---

1 欧内斯特·索尔维（Ernest Solvay）在 19 世纪 60 年代开发出索尔维制碱法，制造纯碱（一种重要原料，应用于多个工业流程，包括玻璃制造和水质净化等）。

界观。隐喻就是故事的信息。正如史蒂芬·杰伊·古尔德（Stephen Jay Gould）最近将它与时间指针在地理学理论中对时间周期的胜利联系起来，"詹姆斯·赫顿（Hutton）和查尔斯·莱尔（Lyell）……从对时间的想象（vision）中获得的启发，跟从田野中的石头的那些优越的知识一样多（甚至更多）……从逻辑上、心理上和他们思想的个体发生（ontogeny）上，他们的见识与在获得经验支持上的尝试相比更为重要"（1987，前言）。

能够用在维多利亚时代失败上的隐喻来源多种多样。非经济学家中的重农主义（及英国工党）认为实体事物的工业产出代表总产出的一部分，尤其不包括广受鄙薄的服务产出 [或者服务的"产品"，正如马丁·威纳用嘲讽的引号所说（1981，p.157）]。如果维多利亚时代的人们保险卖得比钢铁好，如他们确实做的，人们就觉得保险一无是处了。类似的，人们并不认为美国服务业中像护理和教育这样的"麦当劳工作"（McJobs）[1]，是像挖煤或者纺纱那样的真正意义上的工作。

口述会计改变了历史。再举一个例子，生活的数量和质量之间的区别在历史学家和其他非经济学家中很流行，这会让经济学家靠边站。收入就足以表明这个问题。在经济学家的叙述中，闻

1　指低工资和职业前途有限的工作。

玫瑰花的时光，人们会感到开心，同时也会造成一些机会上的成本，因而也就影响了收入。如果英国人（和日本人还有德国人）不如美国人在 1900 年时工作得那么勤奋，就像格里高利·克拉克（Gregory Clark）已经说明的那样（1984），那么英国人（和日本人还有德国人）就比美国人更多地消费一种叫作"消遣"的商品。克拉克担心在工作上抓住一切机会得过且过的社会压力可能已经造成了比一般英国工人实际愿意支付的成本更高的代价。但无论如何，美国人用更大的努力换来了更大的产量。

　　承认使用隐喻后，科学家继而问这些隐喻是否合适，是否正确。而反修辞框架的心态想讨论的不是这些隐喻是否真实，是否准确，而是那些仅仅在隐喻意义上能够用在隐喻中的词语。好吧，现代主义者说，这只是实证事实（positive Fact）的问题，不是吗？什么是有关英国增长和衰退的准确的隐喻呢？哲学家纳尔逊·古德曼（Nelson Goodman）用下面的方式做出了回答。"就（这个世界，比如英国在经济战场上的失败）非口头版本而言，甚至就没有做出声明的口头版本而言，真实与否是无关紧要的……同样的道理也适用于图像或者一个理论的概念或预测：它们的相关性和启示，它们的优点和适用性——总结而言，即他们的正确性"（1978, p.19）。

　　用在经济学故事中的隐喻并不是简单意义上的"对"（true）。"法国是六边形的（hexagonical）"这句话的正确或错误，并不像算术

96　·

中的正确或错误 [Austin，1975（1962），pp.143—145]。说它是对的，某种意义上是指对于实现某个目的而言有用（尽管细想起来，我们也可以这样评论算术中的说法）。经济学家和其他科学家认为他们所使用的科学（Science）的方法论，并没有给出评价隐喻正确与否的方法。相似性的断言，尽管在生物学和物理学中十分重要，却只涉及人文和文化的相似性标准。表皮光滑的豌豆和表皮粗糙的豌豆是多么相似，行星轨道和椭圆有多相似，拉丁语 101 和猪圈有多相似？这些问题与我们在外部世界的约束下对语言的使用有关，但确切地讲，却都是对人类有用与否的人类决策问题。

　　在对别人讲故事所用的隐喻嗤之以鼻的时候，人们对自己在故事中用到的隐喻并不自知，就像年轻一代的历史经济学家所用的花哨一样。其中一位经济学家在 1970 年的一篇论文中以"英国在其他国家工业化中的损失"开头，对这个隐喻的本身就十分鄙薄："偶尔使用隐喻的修饰来提升平常事物，且简化经济史的复杂程度，这情有可原。然而，危险在于这种修饰与其说会成为思想的助力，不如说会成为思想的阻碍。"（p.141）他认为隐喻只是起到修饰作用，或者只是为了帮助那些头脑愚钝的人理解。作者接着写到文学自觉性的其他部分："难题在于这些隐喻（比如，Duncan Burn，Phyllis Deane 和 W. A. Cole 曾经技术性使用的）并没有赋予自身清晰的文学意义，或者对隐喻意义的表达一点也不恰如其分。"
（p.141）此类说法贯穿书的始终。他并没有想到所有的语言——
也当然包括他后面声称使用科学角色（Scientific Ethos）的有关供
求"曲线"的精细语言——都具有难以简化的隐喻性质。后来，
在一个从句中他对这个观点稍稍松了一点口，"如果我们必须使
用隐喻的话"（McCloskey，1970，p.152）。是的，小伙子，我们
必须。批评家和作家 C. S. 刘易斯（C.S. Lewis）和他之后的很多人，
在很久以前就已经注意到："任何作品中的意义都与作者对自己
文学性的信仰成反比。"[1962（1939），p.27]

　　正如我们所见，有些隐喻还是很好的。研究隐喻的学者并没
有说隐喻的不同版本都一样好。但隐喻的优良（goodness）并不仅
仅在于其命题性真理（propositional truth）（不管它的意思是什么），
而且在于其适合性（aptness）或正当性（rightness）。罗斯托有关
经济由"起飞"到自促增长的著名隐喻，或者萨缪尔森将消费者
视为计算器的隐喻，其成功或失败就像说话的方式一样，像我们
说话的方式一样。如前文分析的那样，经济增长中领先地位的隐
喻因为偏离了主题（也即各经济体对其公民的影响）而失败了，
它只是把人们的注意力引向了民族虚荣心。获胜的隐喻取代了跑
得不错的隐喻。

98

构思

修辞也涉及构思（inventio），也即找到观点（arguments）。
修辞与个人爱好无关，与一个人是不是喜欢巧克力冰淇淋无关。
它涉及一个人受到对话中哪个观点的影响并信以为真。在眼前的
例子里，需要考虑的主要是：评估英国的失败需要认真考虑对比。
人们判断英国失败，是因为没有做对比。只是盯住英国，我们根
本没办法确定英国的经验是否偏爱资本主义。

像威纳（1981，pp.6—7）和兰德斯这样的历史学家以及像麦
克洛斯基和拉让尼克这样的经济学家，认识到有必要通过对比来
说理。要是有人说英国相比于别的国家来说失败了，他头脑中必
须有特定的对比。兰德斯和威纳看到的是德意志帝国；麦克洛斯
基和拉让尼克看到的是美国。

埃尔鲍姆和拉让尼克只是最近才强调相对失败必须建立在跨
国对比之上（1986，p.2）。讽刺的是，埃尔鲍姆和拉让尼克自己
已经被在自己所做的失败对比困住了（Gary Saxonhouse and Gavin
Wright，1984，1987；Lazonick，1987；Elbaum 和 Lazonick1986 的
文章中并没有提及这些批评）。英国"在 19 世纪确立的僵化且原
子化的经济组织制度遗产"（Elbaum 和 Lazonick，1986，p.15；比
较 p.2）似乎也是日本棉纺织业的特点。但日本的棉纺织业足够灵活，

在 1918 年后抓住了国际市场。"原子化经济组织"的观念已经出了问题，而且要为英国的失败负责。问题出在忽视了修辞构思的相关工具：对比。

　　关注英国本身的历史学家可能会忽视修辞这一点，他们汇总有关失败的细节证据，却没有加以对比，也因此缺乏说服力。唐纳德·科尔曼（Donald Coleman）和克里斯蒂娜·麦克劳德（Christine MacLeod）1986 年的一篇论文提供了一个历史学角度的例子。他们在没有往外看的情况下，向内收集了英国各个事件的证据。斯蒂芬·尼古拉斯则从经济学角度提供了另一个例子。尼古拉斯重新计算了生产率，考虑到垄断和规模经济，并得到了修正后的 1870 年至 1914 年英国生产率微小增长的结果。（1985, p.580）遗憾的是，他并没有意识到这些点是有必要进行对比的，因此，接下来他并没有对美国或者德国的数据进行同样的考察。这个错误让人难堪，因为美国和德国当时增长得更快。对这两个国家规模经济的考虑会反过来毁了他在英国问题上的观点。

　　历史学家会说："尽管我没有作对比，但我已经翻遍了故纸堆。"历史中的主要隐喻——在经济学中毫不重要得让人感到意外——是基于一手信息来源对事件的真实描述（A True Account of Events, Based on Primary Sources）。"翻遍故纸堆"的隐喻让我们难以找到对历史学家工作更恰当更修辞化的描述（Megill 和

McCloskey，1987）。经历过 19 世纪档案繁荣的历史学家们，没有一个能说他记下了档案中找到的所有信息。同样，经历过 20 世纪经济学理论繁荣的经济学家们，没有一个能说他仅仅是遵循黑板上发现的逻辑而已。如果事实和逻辑足以轻松解决问题，那么这些问题应该早就解决了。也就是说，如果事实和逻辑说起来和诠释起来像争议人士的修辞所说的一样简单，那么只有恶意和激情能够解释为什么别人与我或者你（而有时候我对你也感到不解）的意见不一致。

我们不能满足于解释到这个程度。这样做就把问题留给了不相关的东西——简言之，即一个人的政治偏好与是否喜欢巧克力冰淇淋无关，以及在政治不能提供指导时的个人品位。修辞四个门类中的任意两个组合在一起并不够用。在对维多利亚时期失败的辩论中，所宣称的"事实"的层级从最全球化到最个人化的排列是：

> 资本主义很糟糕。
>
> 英国在资本主义时代失败了。
>
> 英国钢铁制造商在 1870 年到 1914 年之间失败了。
>
> 人们忽视了钢铁上的获利机会 X、Y 和 Z。
>
> X、Y 和 Z 中的这种或那种获利手段不如另一种。

英国商人有这样或那样的心理或情绪缺陷。

严格来说，以上命题彼此之间并不互相暗示。但它们在修辞上的联系恰如其分，如果钢铁企业家们忽视了获利机会，那么他们就会失败，这是很有道理的。这里的修辞需要变得更明确才行。

举例来说，考虑一下从第四个层次往下的修辞，即人们忽视了获利机会。乐观主义者希望将它与下一个命题相联系，即这样或那样的利润不如其他的利润。对这种乐观主义尝试的主要批评是（1）它"用到了新古典理论"（Coleman 和 MacLeod，1986，p.598；Nicholas，1982，p.85），以及（2）这些手段指的是"短期"。

这两个批评都不正确。在这里，历史已经卷进了经济理论地位的斗争之中。新古典理论讨人嫌的通常是一小群封闭的数理经济学家。他们确实"假设"奇怪的行为，进而得出奇怪的结论。但职业经济学家并不"假设"人和市场的所有方面都完美，即"拥有有关成本和市场的必要信息，和可得到的技术的知识"（正如 Coleman 和 MacLeod 所写，p.598）。确切地说，对事实的考察是为了检验这个或者那个"假设"到底有多好（cf. McCloskey，1973，第 1、2 章）。要理解历史经济学家到底在做些什么，我们必须放弃欧几里得式的定理和证明的形象。严肃的经济学家并不对瓶起子做什么假设。他们在历史的抽屉里摸索，直到摸到这个瓶起子为止。

提几个维多利亚时期英国的重要案例。比如说，对中东部铁矿石业，或化工产品的索尔维工艺的获利能力的计算只能是事后假想（second guess）罢了。也就是说，是历史学家，而不是历史的演绎者，把那些"成本和市场上必要的信息"带到计算中来。这种计算能看出讨论中的商人是否知道他们大概在做些什么。在最简单的计算中，所谓新古典假设仅仅认为，商人希望支付不高于商品价格的价钱，且受到竞争影响而不能支付更低的价格，这个假设大致合理。更普遍的是，甚至对于这种无害的形式，经济学家们都不做任何假设；他们直接检验它。

如果靠事后假想，也即商人在他们的选择中是理性、合理的，那么我们可以得到结论——而不是假设——说他们知道自己在做什么（或者他们不知道他们自己在做什么，但却很走运，而这似乎正是19世纪美国机械工程师的情况：他们努力工作的传统正赶上技术进步的偶然出现）。那些计算断然未对他们是否知道自己在做什么做出假设——做这样的假设将于事无补，因为这正是所要讨论的问题。

简言之，经济学和历史中的修辞远非单纯的"风格"这个词自17世纪以来表示修饰的含义那么简单。它展现了历史学家和经济学家如何说理。把对隐喻的选择，对故事线的选择和诸如此类

都称为"仅仅是风格"，这就像把物理学或者经济学中的数学称为"仅仅是形式主义"一样。而情况往往并不如此。修辞构成了观点，而观点是我们在月圆之下（circle of the moon）[1]所拥有的一切。

1　对一款日本电子游戏名称的引用。

第五章

学者的故事

讲经济学故事的一个例子是格申克龙（1904—1976）的著作，格申克龙是一个非同寻常的经济学家和历史学家，他的作品表现出两种故事讲述方式之间的张力。他出生于俄罗斯，在奥地利接受教育，长期以来都是哈佛大学的经济学教授，也是美国经济学会的杰出会员，同仁以各种形式尊敬他。他融合了说德语的文理中学（*Gymnasium*）人文学习和20世纪50年代美国社会科学对量化的激情。他写了有关指数的数学理论和有关翻译的文学理论；以同样的热情，他也阅读希腊诗歌，收听波士顿凯尔特人的比赛。

一个人的生命就是一个观点（argument），尽管经常是无意的；而且我们轻视经济学的现代主义大家，因为他们在自己的生活中展现出了对自利赤裸裸的追求。格申克龙用更好的价值观塑造了自己的人生。尽管在教学和同事关系中，他总是采取一种狡黠而且不那么讨喜的方式，他却承受住了更大的考验。在价值观冲突的时代里，比如 1968 年，他个人在哈佛大学公开发言反对虚无主义，而后来当苏联的坦克开进布拉格的时候，他在列宁格勒[1]的一个会议上公开发表反对国际干预的发言。这两件事都不算成功：哈佛大学向虚无主义让步，而国际经济史协会仍在列宁格勒集会。而格申克龙坚持去说服别人。

他的主要科学贡献是一个"有关相对落后的理论"（theory of relative backwardness)(收录在 Gerschenkron，1962d ），它记录了欧洲国家实现工业化的不同路径。他认为，像俄罗斯这样的国家，在工业化起步时与英国相比是落后的，但它并没有经历跟英国一样的发展阶段。俄罗斯跨过了那些阶段，用中央政府取代了经济增长中缺失的必要条件。俄罗斯的增长是靠强制推进（force-fed）实现的，德国也是这样，虽然程度轻一些，而二者都承受了相应的后果。俄罗斯的增长主要是巨型企业而非小公司，且用中央控制取代了竞争性市场，用专横的军工混合体取代了热爱和平的资本家。

对这个故事进行修辞性批评的第一点是，像别的学者一样，格申克龙试图让我们通过特定的坐标系来看待这个故事。我们不

---

1 原名圣彼得堡，1924 年为纪念列宁而更名为列宁格勒，1991 年恢复原名。

能天真地看待格申克龙的理论，将其视为自成一体。我们应该在理论上建一个坐标系，这个坐标系可以是我们自己的，也可以是他的，然后用这个坐标系的每一个象限来衡量它。

我们往往会用到的坐标系是一种民间科学哲学。历史学家和经济学家（尤其是经济学家）都使用由现代主义构成的坐标系，带着他们那难以实现的预测未来或者控制现在的野心。有人说格申克龙可能用这种现代主义的坐标系提供了一个"假说"，其本身也恰当地成为一个"假说推导系统"的一部分，而这个系统可以通过对"可观测的结果"进行"经验验证"来"证伪"。

当他讲一个关于他自己学术生涯的现代主义故事时，他的话有时候也反映了这些对科学方法的流行误解。因此在《经济落后的历史透视》[1952，其时 48 岁（1962d 再版，为此处所引用）] 的开头，他写道："历史研究主要包括对各种产生自经验的假设性概括（hypothetical generalizations）的经验材料加以应用，并检验结果的近似性，以期通过这种方式确定某种一致性（uniformality）、某种典型的情况，和某种个体要素之间的典型关系（typical relationships among individual factors）。"而在别的地方，他又会重复说相对落后（relative backwardness）的概念（"概念"和"过程"是格申克龙的散文中最钟爱的占位符）是"一个实践中有用的概念"。[1962c（1962d，p.354）]

格申克龙实践中用到的这些词并不具有它们在经济学中的一般含义。举例来说，这些词并没使他对认识论缺陷的证据弃之不理（在经济史中，他既使用统计数据又使用小说作为数据来源；他用 18 世纪俄罗斯语言中统计术语的缺乏，来表明当时缺乏商业态度）。（1968，p.449；1970，p.81）尽管他厌恶欧洲学术圈里为了教授席位而进行的可耻的争夺和无情的政治倾轧，他却并不假装自己没什么政治观点要公开。

首先，20 世纪 50 年代的社会科学词汇并没有最终让格申克龙对社会工程学着迷。他不接受社会可以预测的观点。社会工程学要求对细节进行预测。格申克龙向过去寻求智慧，寻求只有过去才能提供给他的隐晦警告。他这样做并不是为了获得未来的蓝图。作为现代主义的承诺，预测和控制在他看来是狭隘而不切实际的。

在 20 世纪 50 年代，当许多人还在用一个对事物进行窄化的方法时，格申克龙已经超越了它。伟大的德国古典主义者维拉莫威兹写下了他自己对方法的执迷：

> 哲学（在 1870 年）自视甚高，因为它教授的是方法，而且是教授方法唯一完美的方式。方法、道路和理性（via ac ratio），则是它的格言。哲学好似魔术，能够打开所有关着的门；它是最重要的，而知识则是第二位的考量因素……渐渐

地，科学的统一［也即科学（Wissenschaft）＝调查］让我恍然
大悟……让每个人做他能做的，……而不鄙视他自己不能做的
［1930（1928），p.115］

民间哲学的坐标系和它的方法把一种魔术当作科学。

民间哲学并非一无是处。它的划分有点朝着学术分类方向发
展：科学的／非科学的，客观的／主观的，实证／规范，可观测／
不可观测，辩解／发现。但这种划分走得并不远。它们不能展示正
在发挥作用的科学和坐冷板凳的科学，而且它们在讲述学者故事
时也没能开个好头。举例来说，一个用民间哲学研究科学的人，
看不懂为什么科学家会互不认同，因为所有科学家都坚定地说他
们是在每个象限的好的那一边工作的——科学的、客观的、实证的、
可观测的、能用于辩解的。因此，这种坐标系反而让彼此不认同
的情况恶化了。它让科学家得到结论，认为观点不同必然意味着
无能，或者是朝反方向的某种"不科学的"偏离，这让他永远对
同仁的无能感到愤怒。民间哲学的坐标系本身就不科学，是一种
糟糕的描述，而且是一种糟糕的学术道德理论，带来了很糟的结果。

格申克龙自己常常引入另一种坐标系，也即学者的实践哲学，
一种比 20 世纪中期现代主义更老的学术道德。他的学术理论复杂
而吸引人，带有大陆价值观色彩。在他作品中体现的生命故事是

110

学者的故事，是康德或者雅各布·格林（Jacob Grimm）在挑灯夜读、苦思冥想的故事。他使用的是跟英国或者美国传统相反的一种研究路径，就像他常说的"一个研究纲领"（a program of research），它更像一个生活计划，而不是一个方法。他作为学者的广度——精通数学、历史、统计和数门语言——都服从这一纲领。这个纲领不是为了用（适用于预测和控制的）现代主义的风格，得出尖锐或者机械化的"理论检测"，而是为了得出成熟的判断。正如他常常写道的那样，这些判断将满足"一种理性充分的感觉"。

这个短语虽有些神秘，但他并无意让思辨保持神秘。现代主义者在未审视科学史的情况下，就断言她的方法，道路和理性（via ac ratio），能够带来清楚而确凿无疑的理念。但理性（ratio）的范围太窄了，虽然其中也够清楚明了。它与醉汉在灯下找钥匙的方法很相似，因为灯下比较亮。与路灯灯光里现代主义思辨的极端明确性相伴相生的，是灯光之外暗处极端的含糊不清。格申克龙则接受修辞四种门类的所有部分。

学术的一些问题需要大家心照不宣，但格申克龙对没有加脚注的法座上的正统观点（argumentumex cathedra）[1]毫无耐心，哪怕作者是著名学者。他在论辩中一再宣扬和表现出明确性。例如，

1　表示绝对权威不容置疑的观点。

在他 1953 年对佛朗哥·文图里（Franco Venturi）的 "*Il Populimo russo*"（1968，p.455）一文的评论中，虽然赞赏了文图里"成熟的理解"，但他抱怨说："我们不得不希望作者已下决心跟他的读者更全面地分享他的想法。"用类似的语气，他热情赞扬他的学生艾伯特·菲什洛（Albert Fishlow），"统计数据附录中作者向我们展示了他在实验室中获得的所有深刻见解，而没有这些就不可能真正理解其研究的重要意义，也不能理解其阐释结果的正确性"（1965，viii）。

从他的评论和脚注的论证中可以看出，格申克龙十分赏识学术细心这一品格。在欧洲学术传统中，细心有两个部分，一是避免细节中的错误，二是提出结论的谦逊。我们不相信那些常犯小错误的人——"糟糕的拼写，意味着糟糕的说理"，或者那些草率得出结论的人——"他怎么能够说这种话？"格申克龙并没有活在现代经济学的世界，在那个世界里据说理论能够检验事实，而且黑板练习具有"政策含义"。他尤其憎恶这些历史理论：它们刻板地把各种缺乏证据的论据联系起来，而且对阿诺德·汤因比（Arnold Toynbee）的挑战和反应模式理论偏爱有加，这种模式仅仅提供了一种将事实拼凑成故事的方式。之所以如此，是因为他是一个现代专业历史学家，他的学科并不是经济学或者历史理论，而是塑造受事实限制的故事。

　　但科学的民间哲学和美德的信条都不是衡量格申克龙的坐标系。一个更好的坐标系是修辞。一个成功的学者和科学家首先应该介入说理，而格申克龙一生都在说理中度过。

　　格申克龙的写作风格是他对其观点最明显的"修辞"支撑。含糊而精妙的文字让他欣喜，比如"困惑"（flummox）就是他的最爱。他用的主要是有教养的欧洲习语，而这使得他早期的写作中经常出现纯拉丁语。他的《经济落后的历史透视》这篇有关该话题最早也是最著名的文章，虽然明白易懂，但却乏善可陈。他似乎在扮演清醒的科学家这样一个角色，只有在主题变成意识形态的时候才言辞雄辩｛"李嘉图曾不为人知地鼓舞每一个人，让他们把'上帝保护国王'（God Save the King）转变为'上帝拯救工业'（God Save Industry）"［1952（1962），24f]｝。

　　再强调一遍，格申克龙的修辞中品格（ethos）的成分很大。他用苛刻的语言写作学术话语，赞扬或者贬低其他学者的品格。这种苛刻往往表现在科学性文章中。在《俄罗斯镜子里的欧洲》（*Europe in the Russian Mirror*）一书头几页，他很赞赏杜冈 - 巴拉诺夫斯基（Tugan-Baranovskii）（1970，6ff.："有价值的贡献"，"可能是最具原创性的俄罗斯经济学家，……其兴趣之广令人震惊"，以及格申克龙口中最大的赞美："一个严肃的学者"）。这类赞誉与其说是赞美书的题材，更像是赞美书的作者——而这也是这些赞美的修辞目的。作者展示了赞美这些最好作品的良好品味。这个俄罗斯老经济学家"令人震惊的广泛兴趣"最终只是经济学中的题材而已；而作者本人，也是一个俄罗斯经济学家，则跨越了统计理论、西方文学和棒球史等。

　　一天，一个研究生在办公室里等着与格申克龙见面。他在办公室里那数不清的书籍和杂志中学到了有关学术生活的一课，这是教授们常常忘了传授的内容。这摞书里有一本是希腊戏剧，一本有关非欧几何，一本有关国际象棋，还有无数统计学的皇皇巨著，有关文学和科学的期刊，以及各种语言写成的几本历史著作，在两英尺高的这摞书最下面，有一本破破烂烂的《疯狂》（Mad）杂志。这就是学者。

　　在风格和品格（ethos）之上，格申克龙自己很看重科学中的修辞，尤其看重作为隐喻的各种社会理论。他知道词汇并不仅仅是它们所指代事物的标签，它们在学者的观点中自有力量。他对学术的主要贡献是，激进地修正了社会"阶段"的隐喻，这些社会阶段论霸占了 19 世纪和 20 世纪大多数时间里的社会思想。亨利·梅因（Henry Maine）、奥古斯特·孔德（Auguste Comte）、弗里德里希·李斯特（Friedrich List）、卡尔·马克思、维尔纳·桑巴特、布鲁诺·希尔德布兰德（Bruno Hildebrand）和后来的沃尔特·罗斯托认为国家就像一个人，也有从出生到成熟的各个可预测的发展阶段。阶段论理论家把孩子当成了大人的父亲；格申克龙是新的弗洛伊德，注意到了缺失或者误用的阶段中存在的病理学，为替代铁律投上了怀疑的影子。

他很钟爱把自己的隐喻"突然加速"（spurt）和"相对落后"（relative backwardness），与"起飞"（take-off）和"绝对必要条件"（absolute prerequisites）相对比，但这不是因为他认为自己的隐喻还不够典型。词汇知识对格申克龙的研究而言绝不只是修饰性附属：在欧洲哲学传统中，词汇就是研究。他特别清楚，自己所用的隐喻具备经济学特点，尤其是对必要条件的"替代"（substitutes）的概念。"德国投资银行是对缺失或者不充分可资利用的必要条件的替代。"（1970，p.103）也就是说，在新古典经济学富有启发的行话中，工业化速度产生于"生产函数"加上需求的"可替代投入"、金融、企业家精神、有纪律的劳动等等。规模也有作用："与过程的强烈之差别同样存在的，是其特点的差别。"（p.72）经济学家在一定程度上相信了这种观点，因为这依赖于他们的一个主要隐喻。随着工业化速度变得更快，某种投入将在边际产出中增加，正如经济学家自说自话的那样，而苏联人自然会建设巨大的工厂，压榨一直抱怨的农民阶层。

格申克龙是用康德式的，而非培根式的方式为经济学隐喻辩护。他后来似乎变得更加康德主义，更加相信康德所说的：没有知觉的概念是空洞的，没有概念的知觉是盲目的（concepts without perceptions are empty，perceptions without concepts are blind）。有关"经济学落后性"的经典论文首先发表在贝尔特·霍斯利茨（Bert Hoselitz）1952 年编辑的那一卷中。它完全是英国式和培根式的。一切都像以前一样，与常识相符。"欧洲工业化的故事"[1952（1962d，p.26）] 只有在非常偶然的情况下才能算得上是一个"故事"；而实际上它是一个科学混合体，"整合了可以得到的历史信息"（p.7）。这里并没有故事作为塑造虚构的痕迹，受到事件事实的约束，但并不为其左右。然而到了 1962 年，58 岁的格申克龙说话方式却变了。1962 年，在第一个论文集的跋中，他提到"把欧洲的历史视为替代的模式"（1962d，p.359）。这类观点的失败"可能是要求或者显示了一种与落后程度变量非常不同的组织原则（organizing principle）。"（p.364）同样的道理也适用于类似的词汇。

　　康德式视角与工业产出数据指数中的权重很相似。也就是说，这些视角是一个选择，而不是事情本身（things-in-themselves）。另一个跟这位学者的语言生活有关的显赫经济历史学家，是耶鲁大学的威廉·帕克（William Parker），他曾在 1950 年代早期在哈佛期间短暂师从格申克龙（很多学者都是"短暂"师从他：他用有点随意的方式指导了很多学者），他认为格申克龙从俄罗斯移居奥地利再移居美国的经历将他带到了视角的问题上。帕克的故事恰当解释了为什么格申克龙执迷于指数基数（index number）、相对落后性和文学翻译（其中最著名的是对纳博科夫所译普希金的《叶甫盖尼·奥涅金》的毁灭性攻击，载于 *Modern Philology*，1966 年 5 月期；见格申克龙，1968，pp.501—23）。

分类法（typologies）就是不同的视角。格申克龙很快迷上了交代给他的任务，即《作为分析工具的工业发展分类法》（The Typology of Industrial Development as a Tool Analysis），1962 年首次发表。他断言，对一个自然的培根主义者而言，分类法的使用将是难以理解的，因为他们相信人类分类早已经存在于自然之中。把发展的各个阶段的极端和独特性的极端视为一种统一模式，"根本不意味着极端方法在任何合理意义上一定是'错的'。因为任何一种此类方法……都不可避免要处理的，不是那些难以处理的和难以理解的现象的'全部'，而只是一系列抽象概念，不同的方法得到不同的洞见，正是在那些洞见之中，我们才能够判断一个个体方法的价值。而结果不需要与之相称"[1962b（1968），p.79]。后来又说："历史性的概括并不是普遍命题，并不能因为一旦发现了一只黑天鹅就一下子证伪。我们的假说并不像'法律一样'。"（p.97）

或者考虑一下《俄罗斯镜子里的欧洲》中两页重复出现的"视觉化"形象，该书出版于 1970 年 [当然，书的标题和主题本身就反映了主动视角（active vision）]："一旦我们用这种方式看待欧洲工业化发展，它就会显现出统一性……资本配置只是一个有秩序的模式诸多例子中的一个而已"。（p.103）相对落后"首先让我们有机会把一些秩序带到明显的混乱中，来确立（主动观察就是确立）有关发展的词汇学或者分类法"（p.104）。或者在别处，把分类法应用到18世纪重商主义上，"它构思出俄罗斯是欧洲的一部分"（p.87；同一页上还有"视作"、"安排"、"描画"，和"构思出"等词）。他是最康德式的学者，在为了达到同一个效果而引用歌德之后，他写道："我们称为事实或现实的东西，包括柯尔贝尔或者拿破仑，只是一种低程度抽象的现象。"（p.63）这里的科学家并不是被动的自然观察者。他选择了属于他自己的创造世界的方式。

被动观察到的事实当然会限制我们可以看到的东西，而格申克龙也主动从英国帝国主义的修辞中得到启发，如果这是认真说理的生命所要求的话。在刚刚引用的这段结尾，他重新提到事物的本质（与我们看待事物的方式相反）："落后程度进而成为一个随意的原则，为我们解释了工业化变革过程的本质。"（p.104）然而，即使这样说，他也指向了积极的观察者，用到了"为我们解释"的说法。在他断言事物是怎样的之前（与事物看上去是怎样十分不同），他坚持认为观察者具有塑造功能的眼光，观察者能够"看

到"一个"模式",一个词汇学上的"暂时的被看到"。而后面
的一段回到我们如何看到事物:"一个国家越落后,它在工业化
前的风景就会显得越贫瘠……这就是……我对欧洲工业化过程的
描画。"(p.104)

格申克龙也同样从英国帝国主义理论中获得攻击其他理论的
灵感,但都是作为康德主义的补充。他说,阶段理论的问题是"它
们与原始帝国主义并不是很协调,而且在与我们知道的相关事实
相印证时会被彻底击垮"(p.101)。他在这里所诉诸的是"我们"——
这科学共同体——所知道的事;而"与……帝国主义相协调"和"与
相关事实相印证"等词汇都是现代主义教条的只言片语。而他也
用到了"并不是很"来修饰"协调","原始"来修饰"帝国主义",
从而将自己与现代主义拉开一定距离,以免与康德主义相违背。
格申克龙当然是经验主义学者,应用经济学家或者历史学家必须
是经验主义者,但一个成熟的学者知道,科学家并不仅仅是加总
世界上的本体[1]。

那么用格申克龙自己的描述,他的理论是看待世界的一种方
式。"替代"(substitution)隐喻是有用的,因为它是"一种建构……
能够帮助我们将欧洲构思成一个渐进的单位"(p.108)。要注意

1　本体(Noumena)是康德《纯粹理性批判》中的一个重要概念。

这里的优点是对话意义上的。这样说话在历史对话中是有帮助的。他经常讲，理论是一种分类（classification）或者分类法（typology），他用的是植物分类学的含义，（p.96）其中俄罗斯是一端的红蝴蝶，而英国是另一端的蓝蝴蝶。他反对使用数学隐喻和逻辑隐喻来描述增长。他把罗斯托的和其他必要条件理论说成"已经被历史打败的""逻辑上的美妙练习"（p.101；cf.100，中间）。

格申克龙对欧洲工业化假设的最佳描述是放弃"假设"的语言，而用讲故事的方式。例如，保加利亚的经验"拒绝"假设，因为保加利亚工业化增长率"从国家落后程度看，显然低于人们的预期"（p.126；cf. 1962d，p.232）。他写道，保加利亚把政府的企业家精神都浪费在军事事业上。在故事的"诸多失败"中，我们的注意力转移到富有启发性的事实上来。在《俄罗斯镜子里的欧洲》结尾，他特别表示拒绝使用验证假设的语言，尽管他写的时候就已经在用这种语言了：

　　　因为在试图建立诠释性模型时（读"故事"）历史学家并不处理不能得到验证只能受到反驳的普遍命题（这是对现代主义教条的直接攻击）。我们处理的是特别命题或者存在命题。这正是一个历史假设的本质（回到现代主义：读"情节"），在空间和时间有限的区域内……构成了一系列产生启发的预

120

期。对这个区域进行界定不意味着反驳假设（如果"假设"不
能在现代主义的意义下被理解），而恰恰相反，要强化它作为
一个理解历史的工具的作用。（1970，p.130）

如果相对落后是像反比定律一样的"假设"，那么最后一句
话很没道理。如果真的恒星对彼此的吸引与它们之间距离的三次
幂成反比，那也没什么好说的。这样一个相反的结论"并不一定
会弱化我的方法"的这种想法是没道理的。（p.130）然而，相对
落后在民间哲学家看来，并不是一个科学的假设，而是一种讲故
事的技法，就像美国历史上边疆的概念，或者18世纪晚期资产阶
级革命的概念，或者生物演进的进化概念，或者山体地理学中岩
浆冷却出现褶皱的概念。如果违背了论证的充分性原则，那么相
对落后也可能被证明是错的（就像刚刚提到的这些概念都被证明
是错的一样）。

至此，我无须细致论证为什么讲故事并不是不科学的。板块
运动是一个故事，而不是像反比定律或者薛定谔方程那样的普遍
性假设。此外，用一个可能会让格申克龙感到高兴的植物学类比，
进化论就是一个故事。对进化的物种进行界定完全不意味着"反驳
假设"。反进化论者认为，他们通过严肃对待民间哲学的歪曲主
张就能够反驳进化。那些将业余的科学哲学和不完善的宗教人类

学混在一起的科学家们，不能指望阿肯色州立法机关对它们网开一面。[1]不承认科学本身在使用讲故事技巧是一个策略性错误。作为一种"假设"（牛津英语大词典，1933，定义3），进化是一种失败，因为它在现代主义的意义上意味着"毫无意义"（meaningless）。但根据论证充分性原则的标准，进化当然是一种蔚为壮观的、持续的成功。

现代主义"假设"和这种讲故事方式之间的区别已经由格申克龙的同事和朋友阿尔伯特·赫希曼讨论过了。虽然看法相似，但他在讨论中并没有提及格申克龙。赫希曼是大陆教育的又一个精英，长期在普林斯顿大学高等研究中心担任教授，而且是拉丁美洲民主国家的经济顾问，甚至比格申克龙更明确地提出了社会思考的文学特点。他为经济学引入了一种有意识的语言应用。1970年一篇题为"对理论范式的追求成为理解的障碍"的论文（The Search for Paradigms as a Hindrance to Understanding）抱怨说，相比于拉丁美洲边境以北的那些社会而言，单纯隐喻式的思考已经让"拉丁美洲社会竟然显得较不复杂，他们的'运动规律'（laws of movement）更加简单易懂，而他们的中长期未来更加可预测"[1979（1970），p.170f]。他赞扬了一种讲故事的模式：

1　美国阿肯色州立法规定，在高中生物课程里，必须同时教授突现论与物种演化论。

　　这种将大规模社会变革作为一种独特、不可复制的，而且不太可能进行事前预测的事件组合的观念，对任何有志于通过"变革规律"（laws of change）来解释和预测这些事件的人来说，是明显有害的。……没人否认这类"规律"或者范式可能十分有用。它们是……在事件发生后实现对事件的初始理解的不可或缺的工具。它们很有用，但仅此而已。社会变革的建筑师从来没有可靠的蓝图。不光他建的每一幢房子与之前的互不相同，而且它可能也用到了新的建筑材料，甚至用到了未经测试的压力和结构原理。（p.179）

　　换句话说，与隐喻相比，故事是一种毫不逊色的知识形式。不遵守故事讲述规律而把隐喻投射到未来是危险的。正如格申克龙所言，逻辑的美妙练习往往被历史打败。

　　从修辞的角度阅读格申克龙并没有表明他是一个非科学家，一个仅仅玩词汇的人（word spinner）。他在作品中塑造了有关自己人生的故事，一个有关细心、精确和重视词汇的故事。科学大师们也是修辞学大师，玩词汇的人并不是一个贬义词，不然的话，他们也不会成功说服别人。格申克龙的科学是建模，但也是讲故事，使用到了修辞的四种门类。所以在这里我要再重复一次：自始至终，科学都是修辞。

第六章

隐喻对故事：混乱和反事实

但并不是所有故事都是好的。故事有好有坏，成年人不用说也知道。故事的好坏可以用修辞的其他三个门类——事实、逻辑和隐喻来判断。

事实当然会限制故事。渔夫故事中的鱼要么是鲈鱼，要么是翻车鱼（sunfish），仅此而已。自培根以来的经验主义传统，已经着重强调用事实来验证故事。没人会反对这一点，不过如果经验主义传统还有什么新鲜的可说，那就不可思议了。即使有人觉得科学的辩论涉及更多技能，这个传统的价值还是可以在好的作品中得以保留。那些偏向哲学的人在这里不必踢石头或者砸桌子，不必叫嚣事实就是事实，就是我们所需要的全部。认为科学也包括故事和隐喻，这样做并不要求我们怀疑事实。所有的事实就在那里，它们要么毁了故事，要么给故事以生命。

124

故事是人编出来的，而事实是上帝编出来的；但当然了，这两个我们都需要才能讲清道理。这就像钓鱼。我们人类用诱饵钓湖里的鱼，但鱼之所以在湖里则是上帝的旨意，它们"真的"在湖里。我们可以坚信，就算我们转身离开，鱼也还是在湖里，同时也相信诱饵的设计是人类的工作。或者我们也可以怀疑鱼本身毕竟是人构建出来的（虹鳟是鱼吗？），但我们仍承认世界上最好的诱饵在没有鱼的湖里是无论如何也钓不上来什么的。所以我们可以用事实来批评故事。

当然，逻辑也可以批评故事。自笛卡尔以来的理性主义传统，十分强调故事内在的连贯性。确实，这一点没有人会反对。对故事加以"逻辑"限制的确切含义是难以捉摸的，尽管可能两个相互矛盾的事件无法在一个例子中同时发生，就像 A 和−A 彼此排斥一样；或者可能时间顺序应该作为某种逻辑，其中，未来不能影响过去。

这里要强调的是，对故事的另一个批评来自修辞四个门类的最后一个，隐喻。这种批评也是相互的。隐喻能够批评故事，故事也能够批评隐喻。当代经济增长的隐喻——比如，像一架飞机一样起飞——可能会与故事相冲突——比如"突然加速"中变化的储蓄率，取决于先前落后的历史。有关经济的隐喻和故事之间的冲突，是符合老生常谈的修辞理论的。老生常谈是指我们在科学和日常生活中交流时，随时随地信手拈来的观点。心理学家迈克尔·毕利希（Michael Billig）在这个联系中举了一个有关习语的例子，"众人拾柴火焰高"（Many hands make light work）和"厨子太多会毁了汤"（Too many cooks spoil the soup，或可翻译为筑室道谋。——译者）之间的矛盾。（1989，p.298）二者互相矛盾。到底是火焰高还是厨子多？生活和科学中，对平常现象的细想就像这样，而矛盾并不是什么病态。语言艺术中成功的矛盾本身就是说理的寻常事。

　　有时候，隐喻会与故事相矛盾，有时这种矛盾并没有什么好结果。沙伦·金斯兰（Sharon Kingsland）写人口生物学历史时曾说："在建构合理情境时，对模型的使用……本身具有与大多数生态学家熟悉的方式相悖的、缺乏历史背景的特点。正是试图将两种思考方式融合的困难，成了许多争议的起源。"（1985，p.5）我们讨论事件的原因，比如大萧条或者美国内战。经济学家会用隐喻来讨论；而历史学家会用故事来讨论。但二者彼此冲突。故事中，原因这个说法本身就可能让人质疑。

　　经济学家和历史学家罗伯特·福格尔的《没有同意和契约：美国奴隶制的兴起与衰落》（*Without Consent or Contract: The Rise and Fall of American Slavery*）（1989）一书认为，林肯的当选和南方各州退出联邦并非不可避免。像之前的很多历史学家一样，他强调了 19 世纪 50 年代美国政治不稳定的平衡状态，而这种状态可能会因为一些微小事件而倾向任何一方。在 19 世纪 50 年代晚期：

> 共和党并没有因 1857 年的恐慌垮台，到了 1860 年，共和党已经吸引了大多数之前一无是处的人加入其阵营。然而，这两个结果都不是不可避免的……如果移民恢复了 1854 年的速度，我们有理由怀疑政党领袖能否继续压制成员数量庞大的本土主义者的冲动……如果这个政党对这些要求做出让步，一些德国人和更保守的辉格党人本可能遭到孤立。1860 年，要拒绝反奴隶联盟的权力，只需要一点点反叛就够了。（pp.385—386）

而在 1865 年 5 月这个宿命月份的血腥堪萨斯：

> 然而，在一个离劳伦斯镇不远有竞争关系的镇上，拥有奴隶贸易专卖利益的警长也是一个冲动的极端主义者，他擅自获得了地方武装团的指挥权。他领导下的这帮暴徒把作为新英格兰移民援助协会总部的一家酒店付之一炬……两天后，为了报复"劳伦斯镇的失陷"，约翰·布朗（John Brown）和他的儿子们杀死了"五个无助且毫无准备的支持奴隶制的定居

者"……随着武装团向劳伦斯镇进发，查尔斯·萨姆纳（Charles Sumner）（R，MA）参议员发表了一番言辞犀利的谴责……声讨参议院中领导地位的民主党成员，包括斯蒂芬·道格拉斯（Stephen A. Douglas）（D，IL）和安德鲁·巴特勒（Andrew P. Butler）（D，SC）。在萨姆纳发表演讲时，巴特勒正好不在参议院，但来自南卡罗莱纳州的众议员和巴特勒的亲戚普雷斯顿·布鲁克斯（Preston S. Brooks）把这番指责汇报给了巴特勒和南卡罗莱纳州政府……在参议院 5 月 22 日休会后来，布鲁克斯到参议院，用他的手杖把萨姆纳胖揍一顿。（p.379）

福格尔也指出了其他的转折点。他试图向我们展示，奴隶制的终结根本不取决于大规模不可阻挡的力量，比如说奴隶制无利可图或者说奴隶制与工业不相协调之类的大势所趋。"在（反奴隶制运动的）最终胜利中突然出现的情况，其重要作用必须得到强调。在 1854 年至 1860 年之间，从来没有一个时刻让人们觉得反奴隶制联盟必然能够成功。"（p.322）

詹姆斯·麦克弗森（James McPherson）给我们提供了一些军事领域的例子。"第三个关键点是 1863 年夏秋时节，葛底斯堡、维克斯堡和查塔努加将局势最终转向了北军的胜利。"（1988，p.858）维克斯堡的战局是由很多事决定的，其中一个是"过度决定"

（over-determination）———一个被滥用的词，但其中也有在围城前
邦联（南军）将领乔·约翰斯顿（Joe Johnston）和约翰·彭伯顿（John
C. Pemberton）的一次分歧。

> 约翰斯顿敦促彭伯顿将他的军队与约翰斯顿的 6000 个驻
> 扎在杰克逊（Jackson）北部（密西西比）的幸存士兵联合起来，
> 这些士兵只要获得预期补充就足以攻击格兰特……彭伯顿不同
> 意。他有命在身，要拖住维克斯堡，而他也打算这么做……
> 在两个南军将军达成共识前，5 月 16 日在冠军山（Champion's
> Hill），北军打散了彭伯顿的机动部队，让事态更加充满不确
> 定性。（p.630）

在葛底斯堡，无数转折点中的一个是 7 月 2 日缅因州第 20
志愿步兵团的约书亚·劳伦斯·张伯伦上校（Colonel Joshua L.
Chamberlain）对小圆顶（Little Round Top）的拼死防御。张伯伦（很
巧，他在平民生活中是一个修辞学教授）命令弹尽粮绝的士兵，
在山脚下对南军士兵发起白刃进攻。"两个小圆顶占据了墓园岭
（Cemetery Ridge）南端。如果叛军在那里布置火力，他们就可能
威胁到联军左翼……有上百个被白刃袭击吓傻了的阿拉巴马人向
意气风发的缅因士兵投降。"（p.659）

在书的结论部分，麦克弗森写道："战争中，北军的胜利和南军的失败不能与每场动员、每次战役、每次选举和战争中的每个决定的应急措施分开来，不能孤立地看待和理解。这些具体情况的现象可以用一个叙述的形式（narrative format）最好地呈现出来。"（p.858）正是如此。福格尔和麦克弗森在讲述寻常的故事：因为没有马掌钉，丢了马掌；因为没有马掌，丢了马匹……因为输了战役，丢了王国，而这一切都是因为没有那个马掌钉。

在历史中，某些部分的小事件也可能有大后果。这些部分在实践中是用模型非线性描述出来的，而其结果就取决于事件本身。也就是说，一个小事件放在等式中，会得出一个大的结果，而这个结果又被作为输入项放进了等式中。"一顺百顺，一通百通"（Nothing suceeds like success）就是这样一个模型，而且肯定适用于1856—1865 年的美国。

这里要强调的，并不是小橡子长成的大橡树。它们确实会长大，就像基督教或者工业革命会发展壮大一样，而那颗最终长成大树的小橡子，在长成前是不可能看得出来的。无数橡子中的任何一颗都有可能被选中。这种传统意义上的概率同样难以叙述。但至少在橡子被选中后，它会顺利地从一颗橡子长成一棵大树，受到周遭自然环境的伟大力量的塑造。这里要强调的是，在某种模型化的世界里，一颗橡子自身能够一瞬间长成一棵大树。这样的世界是不稳定的。这些模型并不需要多复杂。就像"混沌理论"的学者指出的那样，简单的模型可以产生令人震惊的复杂形态，而其中最微小的扰动都能产生截然不同的历史。南军胜利基于英国的承认，而这基于……南军的胜利。它取决于劳伦斯镇，堪萨斯或者小圆顶战役中的人类意志。

那么这意味着什么呢？问题是，在这样的世界里，讲故事的理念陷入了怀疑之中。在两个认真的学者看来，美国1856—1865年的历史处于如此复杂多变的状态之中，即使极小的事件也会最终造成重大影响。用我们的话说，那个捣乱的警长和勇敢的修辞学教授"改写了历史"。但在那个故事里，任何不受约束的小人物和小事件都可能进入历史。历史所不知道的某一个堪萨斯的约翰·琼斯（John Jones）受到道德感召，阻止了警长，使他没能与武装团会合（他感冒卧床了）。同样历史所不知道的一个叫罗伯特·史密斯（Robert Smith）的政治将领，在1861年不经意地把张伯伦派到缅因州第20志愿步兵团——张伯伦本来应该派往第21志愿步兵团，而不是第20志愿步兵团，但史密斯下命令的时候正是晚上，而命令必须在早上送出，根本没时间检查。

在某个反事实的世界里，美国内战及其结果可能由巨大、简单而线性的一些隐喻所支配——虽然南方在情感上赞成奴隶制，但奴隶制的好处还是会慢慢变少，而南方虽有将才，北方可能还是注定会取得最终胜利。同样，基督教的胜利依赖于罗马帝国，而工业革命的成功则依赖西北欧的自由。但是正如福格尔、麦克弗森和很多他们之前的历史学家所坚信不疑的那样，如果1856—1865年的正确模型是非线性反馈模型，那么故事就变得不可处理，没法讲述了。这是一个悖论。

　　与隐喻相联系的故事中所出现的悖论在"反事实"的概念里最为明显。反事实指的是如果的情况（the what-ifs），是思想实验，是实际历史的可能版本。与事实相反，它们想象如果某事在军队、家庭或者经济中发生了改变，那么军队、家庭或者经济可能会怎样。1856年，如果众议员布鲁克斯没有发脾气，也没有用手杖打人，那么会发生什么？1863年，如果张伯伦没有从小圆顶上冲下来，又会发生什么？如果铁路没有发明出来，那么美国国民收入增长就没有实际增长的那么快，又会怎样？

　　哲学（和语法）文献把反事实说成"有悖事实的条件"。这个理念在历史经济学中得到了最自觉的应用。例如："如果铁路没有被发明出来，那么美国的国民收入增长至少会低几个百分点。"但经济学中很多其他分支也暗示了反事实，比如宏观经济学："如果当时货币按照每年2%的速度增长，那么通胀率会下降"；或者产业组织："如果拍立得相机产业有100个生产商，那么这将是个竞争性产业"。

我们可以在最后一个例子中看到反事实引起的修辞问题，以及在一定程度上为什么反事实引起哲学家那么多的关注。你想把拍立得相机现在[1]的垄断——柯达公司前一阵子输了一个拍立得相机的专利官司，而拍立得从那时起也开始制造和销售这种相机——和（几乎）完全竞争相比。你这么做可能是为了衡量垄断的成本，进而在法庭上向法官提交这些意见。你想知道垄断的意义，而这类知识需要反事实。

当然，如果拍立得产业有 100 个卖方，那么每个卖方相比于整个需求或者供给都是很小的。用技术性语言来说，任一个卖方面对的需求曲线的弹性将是总需求的弹性的 100 倍。这种计算是应用经济学的核心。如果开征烟草税，那么香烟价格会怎样？如果货币供给增加，那么一般物价水平会怎样？如果外国医生可以在美国自由执业，那么美国医疗价格会怎样？

这类问题需要我们对一个，比如说，有 100 个卖方而不是 1 个卖方的拍立得产业的世界进行考察。这样的世界不会是我们的世界。那么，我们怎样想象反事实呢？用什么语言能够将隐喻和故事组合起来呢？隐喻和故事能够轻易地共存吗？

1　指 1990 年左右。

影响反事实的修辞问题有两个：含糊不清（vagueness）和荒诞不经（absurdity）。当我们用来外推到非世界（not-world）的隐喻是模糊的（vague），含糊不清就发生了。这里的隐喻是模型。这个非世界可以有很多种方式成为一个存在 100 个销售拍立得相机的公司的世界。举例来说，你可以想象通过分拆法令得到 100 个拍立得公司，就像拆分美国电话电报公司（AT&T）那样。我们必须对照来看竞争更充分的优点和缺点。现在进行分拆会在未来改变专利法，因为没人会认为拍立得的分拆是最后一次分拆。如果专利法不允许拍立得利用过去控制技术优势，经济可能会变得更好或者更坏。一个对专利授予又废除的世界是一个与现在不同的世界。要想象出这个世界，我们需要一个关于发明活动中所发生具体情况的明确模型。

或者，我们可以想象，20 世纪 40 年代的补贴可能为拍立得相机（instant camera）带来 100 种可能的技术（实际上只有两种得以商业化，也即拍立得和柯达公司的技术）。这样一种反事实因为改变发明人的预期而产生自身成本。一个非事实需要足够广泛的隐喻，才能自信地外推到非世界中。

换句话说，我们用隐喻的明确性来解决含糊不清的问题。一旦隐喻明确地表达出来，就可以来测试它们是否恰当。自 20 世纪 60 年代以来，历史经济学家就已经把这类推论应用到非世界中，

134 ·

把模型推展到黑暗中去。（McClelland，1975）在反事实最广为人知的使用案例中，福格尔（1964）计算了美国 1890 年的交通系统在没有铁路的情况下会是什么样子。他认为，要评估铁马（寓指铁路）的"不可或缺"，需要计算没有铁马的情况下美国生活是什么样子。有些历史学家回避谈论反事实，认为反事实"'就像'历史（'as-if' history），是半历史、虚构历史——也即根本不是真正的历史……，只是凭空臆想出来的东西"[Redlich, 1970(1968)，p.95f]。但经济学家发现这个概念很自然，而哲学家则视之为寻常。

　　哲学家们认为以下各项几乎是等价的（见 Goodman，1965，p.44）：

　　科学定律（Scientific Law）：所有通胀均来自货币增长。

　　随意的断言（Causal Assertion）：仅货币增长造成通胀。

　　事实条件（Factual Conditional）：由于通胀已经改变，货币增长也已经改变。

　　倾向性断言（Dispositional Statement）：用货币增长可以控制通胀。

　　平行世界(Parallel Worlds)：在一个除了货币增长有所不同，其他均与我们的世界一样的世界里（或足够相似的世界里），通胀也将是不同的。

　　反事实（Counterfactual）：如果货币增长被控制为 0，那么通胀也将是 0。

　　将以上各种说法彼此转化，反事实的哲学围绕着这种做法展开。非哲学家很少认识到这种转化是可能的。比如，历史学家对反事实避之唯恐不及，因为这有悖于他们学科中事实（Fact）的修辞，同时他们紧紧抓住因果陈述（causal statements）。经济学家则有着相反的哲学恐惧，他们紧紧抓住反事实——理论（Theory），就是在他们的修辞中为经济学带来荣誉的理论——同时避免因果陈述。很奇怪，他们认为因果陈述是不科学的。二者都认为事物本身可以通过避免提及它们的名字来加以回避。

　　福格尔的计算引发了巨大争议，但经得起批评。（1979）他对长期增长感兴趣，因而并不假设 1890 年铁路会突然关闭。突然关闭显然会导致国民收入剧烈下滑。（突然关闭这样的思想试验，正是人们声称铁路或者飞机或者农业或者垃圾处理是"关键"的原因。）相反，福格尔想象，如果从一开始人们就不能使用铁路的话，美国有可能变成什么样子，比如从 1830 年代之后就不得不使用公路或者运河之类的替代方案，或者索性减少交通需求。这样的经济可能会建造出更好的公路或者挖更多的运河。这样的经济也可能将生产和消费的场所建得更靠近彼此，也更靠近天然水路。这样的经济体本来可能有一个更大的圣路易斯或者更小的丹佛。

福格尔并没有明确指出"真正的"（true）反事实世界的所有特点。比如，他没有假设内燃机技术本可能更早成熟，在一个没有铁路的世界里，这是有可能的。他想说明的是，铁路并没有那么重要，因而这个例子对他要说的观点而言失之偏颇，反事实的世界只能通过几种方式进行调整：比如，在他的世界里，丹佛就没有变小。结果是一个铁路价值上可计算的上界（upper bound）——之所以上升，是因为如果我们允许世界按照它实际可能做的那样进行调整，那么不允许它拥有铁路所带来的伤害就变小了。这种上界在 1890 年占到国民收入的 5%，只相当于两年的经济增长量。19 世纪最伟大的发明，至多只占到了经济增长的很小一部分。

福格尔仅仅是以十分大胆的方式将经济学中的寻常方法加以应用。这种寻常方式是经济学的诗学，想象一个显式的（explicit）经济学模型 M，参数为 P，初始条件或外部变量为 I，而结果的值为 R。那么反事实则想象，对模型的某一个要素加以改变。最简单的是对 I 值进行调整，这里的 I 可以是香烟消费量模型中的烟草税率，或者拍立得相机定价模型中的公司数量。福格尔从初始条件中去掉交通技术这一条件。同样，一个包含 500 个方程的美国经济模型，让经济学家能够考察一个不一样的世界。如果油价上涨，会对美国繁荣有什么影响呢？如果资本收益税率下调，对穷人又会有什么影响呢？［对福格尔著作的主要测试实际上是一个由杰弗里·威廉森（Jeffery Williamson）构建的 19 世纪晚期中西部和西部的多方程模型。（1974）］

反事实是经济学家探索世界的两个正式的科学方式中的第一个（还有另一个，控制实验，并不常见）。第二个是曲线拟合（curve fitting），它是一种比较方法，比较世界上互不相同的真实故事。它探讨的是，结果如何由于不同的初始条件做出反应而有所不同。反事实，或者用隐喻的模拟，探讨的是结果将会如何变化。反事实用的是条件语气（"如果伊利诺伊州 19 世纪 50 年代对交通的需求可以用曲线来表示……"）。曲线拟合用的是陈述语气（"从前，伊利诺伊州的一些乡镇有铁路，而其他乡镇没有"）。反事实用 P 的数据和 M 和 I 的映射中推断得到 R 值。曲线拟合从初始条件 I 和结果 R 的数据以及来自模型 M 的映射推断参数 P。

但通过假设一个显式的隐喻性模型来解决反事实中的模糊问题，经济学家会遭遇反事实的其他修辞问题：故事讲述中的荒诞不经。

我们再来考察一下一个有 100 家公司规模的拍立得相机产业的反事实。实际上，这里暗示的故事可能会与所使用的模型本身相违背。问题可能会导致这个有 100 家公司的产业的初始条件看上去十分荒诞。"如果拍立得相机产业是完全竞争的，那么价格会比现在低"，这个反事实的断言听起来很平常。但它可能像"如果我奶奶有轮子，那么她就是一辆有轨电车"这句谚语一样荒诞。这个隐喻或模型或许是对的——有轮子的祖母可能确实是有轨电车呢！但这样的反事实或许是不可能的。反事实可能与用到的模型本身相矛盾；或者它可能与史广泛的事物运行方式的模型相矛盾。比如：祖母并不会长出轮子来；有100家公司的那些产业并不会发明或者生产拍立得相机。

在这些基础上，要说所有的反事实都是荒诞的也并非不可思议。我们可能会说（莱布尼茨确实这样说过），一个没有发明铁路的世界，严格来说，将不得不从大爆炸一开始就与我们自己的世界完全不同。这样的世界里，可能海水是滚烫的或者猪都长着翅膀，存在不同的交通问题。与任何反事实相违背的更宽泛的理论是，这个世界紧密地联系在一起。正如约翰·穆勒在攻击自由贸易和贸易保护的反事实对比时说，"如果两个国家在除了商业政策之外的其他所有问题上都想法一致，那么他们必定也会在贸易政策上想法一致"（1872，p.572）。

挪威政治经济学家乔恩·埃尔斯特（Jon Elster）在一篇对经济学中反事实角色的力透纸背的讨论中（1978），提出了反事实的基本悖论。理论越不模糊，那么反事实因为使用理论而变得荒诞的可能性就越大。如果福格尔发展了一个有关发明的理论，描绘了一幅不那么含糊的道路交通图景，那么可能他面对的问题就成了：这个理论本身预示了铁路的发明。这样最好。毕竟，铁路确实被发明出来了。埃尔斯特所说："如果他试图强化他的结论……他将锯掉自己正坐在上面的那棵树干。在这种实践中，往往多就是少，而无知就是优点。"（p.206）正如埃尔斯特所说，反事实必须"能够进入真正的过去"，也就是说，模型必须适合故事。但隐喻越明确，要把它插入过去的真实故事中就越困难。

　　隐喻和故事的混合是一种寓言，一种叙述，讲的是"一系列前后协调的环境，展示了互相关联的含义的第二秩序"。（Abrams，1981，p.6）《朝圣者的进步》（*The Pilgrim's Progress*）基于相互关联的隐喻，比如去往天国之城的旅途＝灵魂的进步，基督徒＝所有将会得救的人。然而这并不是一个永恒的模型，它同时也是一个故事。在这个故事中，基督徒到达天国之城，从而得以放下所有罪的重负。所有对真正经济体的丰富叙述都必然是寓言性质的，这要求它的故事和隐喻共存。这里要强调的是，他们的共存并不容易。

　　隐喻和故事并不仅仅是另一种解释方式。在寓言的对话中，隐喻和故事都要发挥作用才行，它们可能会彼此矛盾。正如批评家诺思罗普·弗赖伊写到的这种联系，现代文学中的符号（symbol），比如梅尔维尔的白鲸或者萨缪尔森的效用函数，只是差一点就成为完全的（天真的）寓言的隐喻。符号"与叙述和意义（或者换句话说，与讲故事和编造隐喻）处于一种矛盾而讽刺的关系中。作为意义的单位（也即作为一个隐喻），它会阻碍叙述；而作为叙述的单位，它会让意义变得费解。"（1957，p.92）

基本悖论解释了经济学中有关模型简洁性的长期争议。有一帮经济学家钟爱简单的模型，因为这样的模型更容易理解；另一帮经济学家钟爱复杂的模型，因为这样的模型更加完整。这两帮经济学家都有可能是错的。一个更简单的模型在反事实试验中更难让人信服，因为它不够丰富。但因为它不够丰富，它可能更容易被嵌入到过去中——也就是说，从我们讲故事的方式来说，它更不容易导致荒诞的矛盾（比如，铁路实际上确实被发明出来了）。与之相比，一个由500个方程组成的有关美国经济的模型，跟10个方程的模型比起来，会把故事更紧地限定在它所嵌入的方程中。像大多数事物一样，对故事和隐喻的选择要服从稀缺性。

共时性的（synchronic）隐喻性模型，如果更进一步，能够产生与事实相反的历史；历时性（diachronic）叙述，如果更进一步，则与我们知道的正确的共时模型相矛盾。这就是问题的实质。当我们在讲述一段历史过程中非常大胆地使用某个隐喻时，这个隐喻就被逻辑的矛盾缠住了，比如那些周遭的反事实。如果一个经济模型想象没有工业革命，我们的世界将会怎样，那么矛盾就变成了英国这样的经济确实实际上经历了一场工业革命。哦唷。一个 1780 年英国没有出现工业革命的世界，在 1780 年之前本应是一个不同的世界。这个模型在不去想象一个不同的过去的同时，却想想象出一个不同的未来。这就与英国实际上怎样走到 1780 年及以后的真实故事相矛盾了。

同样，当一个故事仅仅试图通过假设未来来进行预测的时候，它就与某种有说服力的模型相矛盾。商业周期的故事可以组织起过去，但当它试图预测未来的时候就与自身相矛盾了。所有商业周期理论都会遇到这个难题。如果有关过去的商业周期的故事可以预测未来，那么就没什么事值得我们惊讶的了，而且这样一来，商业周期实际上也就不存在了。任何有关商业周期的模型都会谈到那些误测的人们：会谈到认为经济繁荣还会再持续一个月的银行家，谈到在销售额下降前还在投资建设更大更新的工厂的汽车制造商。但如果商业周期对这场戏的演员而言是不可预测的，那么它对戏剧评论家而言也是不可预测的。这个推测得出的故事与模型是矛盾的。

在模型中，不管故事面对什么难题，或者在故事中，不管模型面对的是什么难题，经济学家都会既用到故事又用到模型。像别人一样，经济学家在他们的工作中会经常用到"就像这样"（just like this）和"从前"（once upon a time）之类的词。经济学家既

关心解释，又关心理解。（当然，他们也关心对证和推论：他们
也会用到事实和逻辑。）也就是说，经济学家是寓言家。他们的
问题与宗教寓言家一样，比如清教徒约翰·班扬（John Bunyan the
Puritan）[1]。如果《天路历程》中的基督徒是一个易犯错误的人类
模型，那么故事结尾就不可信，因为这样的人不会获得拯救。但
如果故事成立，那么隐喻就是错的。只有一个仁慈的奇迹才能拯
救罪人，也同时拯救《天路历程》里的寓言。只有一个天赐的奇
迹才能使最大化静态模型跟资本主义成功的故事相匹配。

　　故事可以批评隐喻，隐喻也可以批评故事。一个通过非线性
隐喻讲述的故事将分解为荒诞不经的细节。一个反事实的隐喻一
旦过度，就将荒诞地违背过去的故事。但这些并不是压倒性的观
点，而仅仅是对"经济学中的自利寓言总是能把它的隐喻和故事
融合在一起"的怀疑。我们编造故事和隐喻，但也因此不能指望
上帝帮助我们判断哪一个是最好的，或者它们怎样才能融合起来。
我们必须谈故事和隐喻，在人类的对话中使用二者彼此批评。

1　约翰·班扬，17世纪英格兰基督教作家、布道家，著有《天路历程》。

第七章

魔法的诗学和经济学

当隐喻与故事确实发生冲突的时候，结果就是胡言乱语，如果人们相信了这些胡言乱语就糟了。而人们确实会相信。人们尤其相信寓言，比如经济学中组合起来的隐喻和故事，因为完整的寓言能够维持预测和控制的假象。万金油的化学成分就是寓言性质的。

在1600年左右的英国，有人说："在普通人中，如果一个人不能解读别人的星座，驱走邪灵，或者掌握占卜的技能，那么他就根本不能算是一个学者。"（Thomas，1971，p.227）现在，媒体和公众通常把经济学家视为预言家（尽管是一个可疑的预言家），他们已经到了认为经济学的主要目标是预测未来的程度。虽然经济学家对作为哲学的物理学对预测和控制的承诺感到困惑，但他们还是会勉为其难地去做这件事。

但是对人类事件的预测——这并不是经济学的主要活动——一直是充满魔力的（magical）。在人类的事情上，虽然有预测，却不存在能让人获利的预测，也因此没有完美可靠的控制。将死的华莱士·史蒂文斯（Wallace Stevens）写道："'未经涂写的从前投掷未来'是'糟糕的呼不啦呼不啦呼不啦呼'。"（"The unscrawled fores the future casts" is "damned hoobla-hoobla-hoobla-how".）[《最高虚构笔记：必须是抽象的，III》（"Notes Towards a Supreme Fiction: It Must Be Abstract，III"），Stevens，1972；史蒂文斯精通拉丁语，一语双关地使用了 fore 的复数形式 ounce-，正如 Forecasting，拉丁词头 fore=futurus esse="将要成为"（to be about to be），其中 "the about-to-bes" = 未来（the future）；也可能是拉丁语 Fores= 诗人卧室里月光爬进来的两扇门。哈罗德·布鲁姆（Harold Bloom）刻意引用了 hoobla-how 的色情变体——也即一个 63 岁的男人怎么才能让维纳斯的鸽子复活呢？大白天的 hoobla-hooing？——但却没有对魔法进行评论 [Bloom 1976，pp.180—82）]。

首先，预测未来似乎比施魔法更加科学和成熟，施魔法要求必须有飞毯或者爸爸躺下装死的情节。但预测未来和操控未来都是同样充满魔力的。预测未来的渴望和改变未来的渴望是同一种渴望的两面。它们一个从鸟的飞翔姿态或者鸡肠子的形状[1]来预测未来，而且因为预测得以免受邪恶的伤害。另一个虽没那么大名气，却也已经知道了未来的险恶，并用魔法咒语和护身符武装自己。

　　有人认为我们很容易得到有关人类行为的有利可图的预测，但这种想法其实是迷信。这就是为什么经济学与一般人的讥笑不同，它不仅仅是魔法和呼不啦呼（hoobla-hoo）。经济学本身就说，像其他很多人们渴望得到的东西一样，预测本身也是稀缺的。哪个伟大的帝国要衰亡，市场什么时候会扭转形势，这些并不容易获知。"弗里德曼博士，明年的利率会怎样呢？"呼不啦呼！有些经济学家纵容自己为回答这类问题收费，但他们知道他们回答不了。他们所掌握的科学本身就已经给出了否定答案。

　　那么这里的主题就成了魔法的经济学——不是手法，而是真正的魔法。真正的魔法声称已经解决了稀缺性问题。它超越了世界的各种制约。如果你想要去巴格达，给你一张魔毯；如果你想要你的敌人死掉，给你个巫毒娃娃；如果你想变得无比富有，给你个有关利率的预测。就像经济学富于表现力的行话所说，魔法跳脱了"生产可能性"（production possibilities）。魔咒中的"法令"（fiat）是跳出一般可能性的愿望。当然，魔法产生自欲望。斯蒂

1　古代西方的占卜术。

文斯写道：

> 但牧师有欲望，哲学家有欲望。
>
> 而不拥有则是欲望之始。
>
> 拥有其所不拥有正是欲望之古老循环。
>
> 孟冬正是欲望，
>
> 毫不费力看到了天气转蓝。
>
> （《笔记：抽象，II》）

在这里，斯蒂文斯指出的是激发孩子的魔法和成年人的艺术与科学的欲望，这种欲望注意到了"毫不费力"的季节转换，因此梦想它本身也有一种类似的能力，"纯粹的能力"，能够轻而易举实现心中所想。经济学家会称欲望为一种"效用函数"，或者，一个没那么花哨的说法——"偏好"（taste）。人们对免费去趟巴格达的偏好，或者人们有避免打破镜子造成的厄运的偏好 [这个词叫"驱邪"（apotropaic）魔法，即驱魔法]。对未来的恐惧激发起人们对经济学顾问的需求。平素精明冷静的政客和商人雇用经济学家，就是为了驱邪。

一种为了满足辟邪或致富欲望的成熟方式，是在这个世界的限制下工作并满足它。鲁滨孙·克鲁索（Robinson Crusoe）并没有把时间浪费在念咒上（虽然他也万念俱灰了一阵子），而是从沉船的残骸上找到材料，给自己建了个容身所，重新发明了艺术和科学，重新训练自己的欲望。孩子们妄想辟邪或者成为富人并没那么难，这是一种孕育思想的欲望。孩子们相信，如果他们足够虔诚，愿望就会变成现实："让我爸爸死了吧！"马塞尔·莫斯（Marcel Mauss）在他的魔法社会学旧经典中写道："在愿望和愿望的实现之间，从魔法角度看，根本不存在鸿沟。"[1972（1902—3），p.63] 一个小孩子相信思想是全能的，用弗洛伊德的话说，是因为他还没有区别开他个人的梦想和我们称之为"现实"的集体梦想。那些不能做出这种区分的成年人据说是精神有问题的。

在《古埃及魔法》（*Ancient Egyptian Magic*）一书中，鲍勃·布雷尔（Bob Brier）描述了海战前法老在浴缸里把敌人的战船模型弄沉的事。（1980，p.51）不同于社交手腕，真正的魔法往往依靠这种转喻（metonymy），把与 X 有关联的东西当作存在 X（being X）。它代表了魔法师希望发生的东西。实际上，法老让我们想起经济学顾问用模型代表经济体，然后把财政赤字沉没到浴缸里。

词语所具有的一种重要魔力在于命名。转喻魔法（"别名"），就像法老的玩具船或祭司的巫毒娃娃一样，将事物缩小到一个物体的程度，或者更简单地用一个词来代替，然后这样做就管用了。知道要诅咒的人的名字，就能把这个人置于魔法师的掌控之下。

休·肯纳（Hugh Kenner）写道，诗歌和魔法中的"灵验词语的深层传统来自命名的权威"。（1987，pp.16—17）乔伊斯（Joyce）的《都柏林人》没办法再版，并不是因为文中使用了"他妈的"（bloody）这类脏话，而是因为这篇小说使用了都柏林城中真实存在的酒吧的名字，这些名字"就像冰冻的让人恐怖的宿命感那样"，而且极为危险。（p.28）给每个美国士兵一个名牌（nameplate）具有深层目的，而不仅仅是为了介绍这群孤独的群体。在越南，一天晚上，一个年轻的白人海军上尉面对一屋子黑人士兵，大家的名牌都像他一样，十分得体。在他意识到他在那没什么事之后，他走向大门。一个戴着名牌的士兵挡住了他的路："你有麻烦了，先生。"这位上尉镇定下精神，整理站姿，把制服翻领翻过去，露出他的名牌，怒吼着推开门，"记好我的名字，小子，我他妈肯定记着你了！"名牌展示了它的魔法。

命名的权力揭示了能指（signifier）向所指（signified）的转移。我们这些使用符号的动物喜欢命名事物。然后，我们开始觉得给事物命名就像拥有这些事物一样好。英国人给他们农田上的所有花卉命名，甚至给悬崖边的每朵野花起名字，这些名字给它们一种美国人所不懂的权力。俄罗斯诗人和批评家安德烈·别雷（Andrey Bely）写道："命名的过程……就是祈求神助（invocation）的过程。每一个词都是一个符咒。通过对一个特定现象施咒，我实际上就

降服了它……因为生动的语言本身是不可打破的魔法……词汇用
胜利之光照亮我身边的阴霾。"[1985（1909），p.94f.]

　　当然，这种通过词汇和名字取得的胜利还是太廉价了。这是
魔法的经济学问题。如果仅仅张张嘴就够了，且如果这种说辞不
受某种限制的话，那么魔鬼的眼睛就会越来越多。耶鲁大学的英
语和比较文学教授托马斯·格林（Thomas M. Greene）也是文艺复
兴文学学者（而且不完全凑巧的是，他是一个铁杆棒球迷），他
提出了一种诗歌理论，与经济学有很多相似之处。（1989）用格
林的话说，对符号使用动物而言，难的是在没有"欲望压力"的
情况下使用符号。正是这种"欲望压力"，使得符号变成了一种
魔法的暴乱，变成了应许欲望符咒的暴乱。布鲁姆引用桑塔亚纳（华
莱士·斯蒂文斯的《最高虚构笔记》就受到他的影响），具有同
样的效果。桑塔亚纳定义的诗歌是"一种在没有实际功效且没有
形而上幻觉的情况下（解读魔法的）宗教"（Bloom，1976，p.175）。
或者，换句话说，诗歌这样写道：正如格林所说，诗歌奇迹的时
代很明显已经过去了。

　　经济学也说，欲望不能轻易得到满足，而且魔法并没什么实
际功效。从功能主义和社会学的观点看，一个充满恶魔之眼的社
会无法运转，因而也不可能存在。实际上，充满魔法的社会常常
因为各种冲突而陷入瘫痪，比如 17 世纪 90 年代马萨诸塞州的萨莱

姆镇（Salem）[1]，那里遵循的是儿童规则下的魔法。一个终将接受现实原则的社会，必须从某种程度上限制思想的全知全能。

从一个更加经济学的角度来说，我们可以认为人们不能给廉价的东西赋予高昂的价值。魔法必须要比轻易打个响指更昂贵才对，否则魔法就算不上有效力。要应对不确定性，我们需要魔法，而在贫穷的时候我们更需要魔法。赢得彩票的人往往是有着天真想法的穷人。再强调一遍，魔法不能太廉价。人们会相信一个昂贵的魔咒，因此，让人们相信魔咒的方法就是让它变得昂贵，要大言不惭地声称它的价值。ESSL Corp（P. O. Box 66054，Los Angeles，CA 90066）出售不同公司发行的六个最贵的节目，这些节目内容都是对下期彩票中奖数字的预测。节目销售价格并不是制作节目的成本（只是几美元而已），或者使用价值（几乎为零），而是卖到了 59.95 美元的高价。精神分析学家要求病人付很多钱，否则治疗就不灵了。要想治好病，病人必须做出牺牲。

换句话说，魔法必须是昂贵的——而且这是关键因素。经济学的说法是"寻租"（rent-seeking）。魔法许诺能够无中生有。这就像政府和为政府工作一样。我们这些聪明的现代人知道，魔法是不管用的。如果魔法要存在下去（而这是第三个功能主义观点），

1　马萨诸塞州的萨莱姆镇曾被称为"女巫镇"，16 世纪曾发生大规模女巫审判。

我们必须让魔法变得昂贵，要不然，人们会抱怨说他们虽然打了响指，但病还是没能治好。魔法的修辞要求魔法必须很难操作，否则魔法的失败就太明显了。魔法承诺了收益，就像经济学预测承诺了收益一样。因此，魔法生意将会吸引更多的卖家进入市场，最终导致收益下降。这个观点是生物意义上的：一个生态位不会不被人们利用。最终，施魔法的边际成本将等于让人们不花一分钱飞到巴格达或者让爸爸们躺下装死的价值。

　　魔法的特点与这种观点是相符合的。标准理论认为，魔法是原始人的科学，有用但不够精细。（又见 Maddison，1982，第 3 章）正如基思·托马斯（Keith Thomas）所言，这个理论"并没有明确说明魔法仪式为什么必须采取某一种形式而不是另一种"。（1971，p.648）相比之下：

　　魔法往往是实用的。魔法十分有效率，并不是为了治病或起修饰作用：魔法希望能够管用。因此魔法并不用什么幽默。魔法的修辞形式是法庭语言形式：立论（exordium），破题（narratio），反驳（refutatio）和结论（conviction）。相比之下，宗教仪式或者诗歌朗诵或者合理的经济学分析之后并没有立刻发生什么。人们听完就回家了。"这让人难以理解，魔法师声称他制造了某种实际的效果，这竟然往往比严肃的医师更具有吸引力，医师往往坚持治疗效果要听由神秘的天意。"（p.264）所有的邪恶都会在巫婆的安息日出现。

　　魔法往往是狂妄的。这里没有"您的旨意得以成就"的事儿。神明或者鬼魂必须上前拜服，要不然就会受到惩罚。魔咒中的法令并不会向上帝祈祷；它汇聚了魔力。"鹿鸣颂"（Deer's Cry）（即圣帕特里克护心铠甲祝文 St. Patrick，Attributed，C.A.D. 440）记录了大约 50 行对上帝的赞美，看着就像一首赞歌——一首十分谦卑的对信念的歌唱式断言——只有通过重复才能显示其魔力。但突然这个魔咒到了魔法的程度，宣布"我今日召唤所有的力量"，然后将这些力量一一说出来（其中有重要的"对抗妇女和铁匠以及男巫师魔咒"的力量）。

　　魔法往往是秘密的。马塞尔·莫斯认为，"宗教仪式是公开进行的，对公众开放的，（但）魔法医师都是隐秘进行的……而且即使魔法师不得不在公共场合工作，他也会掩盖，……（来）隐藏在假装或者真正的癫狂状态中。"[1972（1902—3），p.23]我们可以质疑莫斯的说法，也即认为魔法和宗教仪式是非常不同的，然而我们可以同意，在魔法中秘密是很常见的。这种秘密感造成了稀缺，这种稀缺不亚于烤面包的秘密配方，或者把铁锻打得薄到可以做锅的秘密工艺。

　　魔法往往是排他的。"没人能随心所欲地成为魔法师；有一些能力能将魔法师和外行区别开来"。（p.27）再强调一遍，经济学工作是为了抬高价格。能拥有魔法能力的候选人名单必须十分有限，才能让这个名单价格高昂。就像苏格拉底以他的精英口吻说，"事物的名称是自然的，并非每个人都可以提供，而只有那些能够看出事物天然名称的人才能这样做"。（柏拉图，克拉底鲁篇，p.390E）专家可以看透上帝的心思，成为"赋予名字的大师"。（p.389D）魔法师的候选人必须在某些方面非同寻常。铁匠、理发师、牧羊人、外国人、异教徒、原始人，和其他特立独行又孤独的人能成为魔法师，[Mauss，1972（1902—3），p.28ff.] 也就是说，一个群体在别人看来可能就成了巫师联盟。因此，人们一直怀疑犹太人有魔法，而拉普人（Lapps）则可以向欧洲的水手们兜售装满风的口袋。（p.32）特殊性，而不是罕见性，是关键所在——因为女人往往有魔法（原因在于他们受到宗教和科学的排斥），而世界上有很多女人。基思·托马斯提到天主教牧师在 16 和 17 世纪使用魔法时相对于新教牧师所具有的优势："正是因为基督教会有自己的魔法……它很看不起其他宗教的魔法……由于牧师受过特有的教育、掌握独特的仪式权力，而且有官方的童贞，人们因而认为他们十分可敬，而且他们也成了流行魔法中的重要角色。"（1971，p.274）魔法师学习魂灵的语言，而且要付出很高的代价。他知道神灵使用的语言。[Mauss，1972（1902—3），p.38f.；Cratylus，391E；对比 401A；而且神明喜欢玩笑，406C] 魔法师也要经历入会仪式。

任何人都可能从深不见底的冥冥之中召唤到鬼魂，但只有魔法师才能让他们招之即来。

魔法往往是不能转移的："一个买了护身符的人不能随意将其弃之不顾。"（p.43）护身符和诅咒的不可转移性十分明显，尤其是因为它与魔法的其他特点相冲突，也就是护身符和诅咒是已经生效的（done），正如托马斯·格林所说，它们不可撤销，而且一代一代地传下去[这就是《俄瑞斯忒亚》（Oresteia）中佩洛普斯家族（Pelops）所受诅咒的由来]。[1]魔法是一种语言行动（speech act），但与承诺还债不同，它更像是婚礼上宣布夫妇俩成婚。婚礼不能二手倒卖；而还债的允诺是可以转移的。一个二手婚礼就不值钱了，这就是重点。

魔法往往是具体的而且是地方性的。魔法在某些特定的日子比较灵验，在某些特定的困难情况下才能实现，诸如此类。（p.45f.）"如果我们要相信印度教魔法师，我们就得接受他们的一些仪式只能每45年成功一次。"（p.46）这是很自然的：如果一种魔法可以在任何一天，任何地方实现，那么就没法保证这种魔法效力的稀缺性了。我们身边就会有太多这样的魔法，贱买贱卖。

最重要的是，魔法往往是精心编造的。魔法也因此臭名昭著，

1　这里引用的是古希腊悲剧是人埃斯库罗斯的三连剧《俄瑞斯忒亚》。

呼不啦呼，因为不容易做才显示出一种神秘智慧的形象。魔法仪式可以持续几个小时、几天，甚至好几周。魔法是重复进行的，覆盖了所有的可能性——否则就不会应验，因为那些没有严格遵守指示的小错误正好使魔法师免受追责。"魔法师们很自然地要以步骤和技术问题来逃避责任，保护自己免受魔法失败的追责。"（p.50）；也可参阅 Thomas（1971，p.641）。

　　魔法仪式往往比宗教仪式更加复杂。宗教的稀缺性往往由特别有限的神职人员得以体现，尤其是祈祷的功效，并与咒语中的法令相对应。那些对其神职人员缺少复杂准备的基督教派，对祈祷的期待并不多。最极端的例子是由抽签选出的阿米什（Amish）神父，或者像贵格会（Quakers）那样根本就没有神父。那些认为每一次祈祷都很廉价的教派，往往被主流宗教认为是具有魔法的——比如，意大利南部的圣徒教派或者美国的五旬节教派。

　　跟神灵在护身符、咒语和宗教牺牲上讨价还价是很奇怪的部分，因为它通常微不足道，而且很便宜。实际上，除了魔法师的时间，人们并不会牺牲很多。在血祭中，神明得到的只是便宜的肠子和下水。（Levy，1989）而剩下的贡品都让人吃了。因此在纳瓦霍人（Navaho）的歌唱中，一个仪式能持续好多天，"我已经献上我的贡品 / 我已经为您准备好了烟"[取自《夜唱》（*The Night Chant*），节选自 Rothenberg，1985，p.84]。人们指望在操作中也有同样的稀缺性规则。便宜的牺牲会用到复杂的仪式，而且由非常有限的一帮魔法师或者神父来主持，总体来说，这样的仪式十分昂贵。换句话说，昂贵的贡品（尤其是人的牺牲）将是十分便宜而且容易得到的，论重要性，这与我们所想的恰恰相反。波吕克塞娜（Polyxena）在阿喀琉斯（Achilles）墓前献上的贡品，"人血洒在坟墓上，/ 习俗要求用牛"（Euripides，*Hercuba*，第262行），整个仪式的高潮，在文本上十分简短，而且形式并不复杂（诗行520—80；比较 Euripides，*Iphigenia in Aulis*，诗行1540—80）。

那么，魔法是幼稚的。它幼稚地屈从于欲望的压力。人们只是盼着稀缺性不存在了。

但经济学知道，稀缺性不能真正地靠着人们盼望一下就消失了。稀缺性必须在某些地方显现出来，而且在魔法的大多数特点中显示出来。人们从这种被回避的稀缺性中获得收益。经济学认为：在边际上，呼不啦呼必须吸收用飞毯把魔法师带到巴格达去所得到的利益，如果他能让这个破毯子飞起来的话。

托马斯·格林认为，诗歌与魔法是不同的。我们提到诗歌的"魔法"，但这只是一种说话形式，用漫不经心的赞美形式使用明喻。诗歌一般间接用到魔法的形式，但没人会以为这些形式真正实现了魔法的内容。虽然二者有共同的修辞——重复、咒语、唤起，但诗歌并不是魔咒。

　　实际上，格林认为诗歌是获得超越思想之天真全能的一种方式。诗歌看起来就像魔咒，但用各种方式削弱法令，比如对声音的打断，怀疑它管不管用，暗示诗人性格，以及其他后魔法的鉴赏力。在"阿佛洛狄忒祈祷词"（Prayer to Aphrodite）（1971，pp.144—45）中，萨福（Sappho）假装实现了与埃及爱情魔咒同样的法力，但却明显没那么干净利落，相反，更加个人化，不那么重复，而且更加发人深省。据说，这首诗是一个爱情魔咒，但实际上是一首韵律诗。与魔法关联不大，它讲的是"你，这受庇佑的人，不朽的脸上笑着，问我发生了什么事"。它听起来很可怜，一点都不狂妄："不要让我心碎"；"来吧，如果你曾经，在远方听过我的哭泣"；"我在祈求你的到来"；"我疯狂的心"；"我不可承受的关切"；同样，《忒奥克里托斯 II》（Theocritus II），"魔咒"（The Spell）也在勃朗宁（Browning）一样的叙述中插入了魔法，充满了讽刺和自我表现。诗歌有很多声音（除了叙述者之外，还有诗人的声音）而魔咒只有一个声音 [詹姆斯·费尔霍尔（James Fairhall）跟我证明了这一点]。读者——当然是读者，而不是萨满的病人或者当地的人类学家的听众——被创造出来，反映诗歌的假魔法。

　　格林说，在一首诗歌中，"萌发自我（the emergent self）会适

158

应文化习俗；它学到了自身力量的极限"（1989，p.131）；"刚刚萌生的愿望是受到教化的（schooled）：它被教会说话，被教会接受局限"。（p.142）就像在一个小孩子的游戏中，"学会认输是基本的课程"。（p.131）"诗歌倾向于成为假的仪式，它让受众对魔力的缺席安之若素。"（p.131）史蒂文斯写道：

> 从这首诗中涌现：我们生活在一个地方，
>
> 这个地方不是我们自己的，此外，也不是我们自己
>
> 尽管有纹章装饰的日子，它依然艰难之极。
>
> （《笔记：抽象，IV》）

古典批评的陈词滥调——艺术，尤其是诗歌，模仿现实——是错的。诗歌并不模仿现实；诗歌模仿说话的行为，尤其是那些具有魔法的说话行为：诅咒，祈祷，呼语法[1]，赞美，祷告。所有诗人都明白这一点。

这种对其自身有效性缺陷的认知，让诗歌变得成熟而且后魔法化。诗歌认识到词汇并不是独立存在的。诗歌是成熟的，并不会指望仅仅通过念几个人类的词语，就毫不费力地实现将春天变蓝

1　呼语法（apostrophes），指在演说或文章中用第二人称称呼不在场的人物或拟人的事物。

的魔法。《房子曾经无声而世界曾经安宁》（The House Was Quiet and the World Was Calm）一诗的读者"越过书页／想要倾身，最想成为／学者，对他而言他的书是真实的"。但斯蒂文斯要在这里告诉你，最终这只是想要，而不是得到；书仅仅对于学者而言是真实的，而不是对神明而言。

鉴于长大成人，变得节俭，并意识到稀缺是多么的令人沮丧，或许在诗歌中找到格林所说的一种无处不在的"对魔法的怀旧情绪"，并不那么让人意外。诗歌有时候会回首思想无所不能的时代：

> 诗歌让生命清新，我们因而能够分享
> 一瞬间的第一个想法……
> 诗歌，通过坦率，再次带回一种力量
> 能够让我们直率对待所有事。
>
> （《笔记：抽象，III》）

但仅仅是"一瞬间""一种"。直率，闪着白光，它这样声称，／但仍然只是呼不啦呼。／怀旧可能会悲叹现实，但毕竟这是真实的。

经济学作为一门科学，就像诗歌一样，是一种对新文化加以适应的力量（a force of acculturation）。它说：你不能得到它。托马斯写到（1971，p.278），16 世纪和 17 世纪的教会"强调勤奋工作和努力的美德"，而且"帮创造了一个思想框架，这个框架拒绝了魔法提供的廉价解决方式，不仅因为这些解决方案是邪恶的，还因为它们太过简单。人类应该通过辛勤汗水获得食物"。像诗歌一样，而不像魔法那样，笛福之后的那个世纪里，经济学都在沉思稀缺。经济学告诉我们，在均衡中所有好东西一定都是稀缺的，所有魔法的机会都已经用完了。经济学告诉我们，我们必须用辛勤汗水来满足我们的欲望。经济学告诉我们，我们不可能通过打个响指就变得富有。而且经济学告诉我们，私人道德并不能保证公众道德。或许，这种惨淡的信息，对更早的那些不安定时期而言，实在太难以接受了。

经济学是后魔法时代的科学。与"非科学"或者呼不啦呼大为不同，经济学是深刻而反魔法的。经济学不断告诉我们，我们不能这样做，魔法是无济于事的。在魔法之后，格林认为，诗歌变得支离破碎，土崩瓦解，互不关联，而且声音复杂（比较布鲁姆，1976，p.168，把史蒂文斯描述成"现代诗歌最先进的修辞家，而且在他的时代是最特出的"）。凯恩斯著作的每一页都具有讽刺和自觉。

然而，经济学就像诗歌一样，有时候也显示出对魔法的怀旧。这正是危险所在。经济学可能会出错，而且可能会背叛经济学的后魔法成熟性，向格林所说的魔法之诱惑投降。如果诗歌投降了，我们可能还没那么惨——尽管诗歌将不再表现其成熟的功能，而且甚至可能会引诱人们相信魔法，比如说，相信白人的负罪感，或者相信一块异国他乡的土地永远都是英国的。类似这样的理念很歹毒。但一个怀恋魔法的经济学家则是极其危险的。

当然，在当下，词汇在经济学中实际上是有效力的，因为市场存在于男人和女人的嘴里。所有经济学家都知道这一点。货币不是一个东西，而是一种协议。集团公司也不是物质可感的。交易是一种出价和询价的对话。当前的经济依靠的是昨天许下的承诺，内容则是昨天对今天的预期。我们实际上可以（而且用词汇来说）通过宣布繁荣指日可待，来创造出一种繁荣。人们容易受到诱惑，认为经济和经济学"仅仅是"词汇的事，并说一个五年计划或者新经济政策与实现它们是一样的，还认为词汇最终确实拥有让我们感到安全和幸福的魔力。

成年人必须抵制这种诱惑。成年人的经济学不是巫毒魔法，而是诗歌。或者说，用其他一些成熟模型来讲，成年人的经济学是历史，而不是神话；是政治，而不是咒骂；是哲学，而不是教义。一种正确的经济学——也就是说，大多数自亚当·斯密以来丰富的经济学对话——是历史性的、哲学性的，是一种可以算对经济的心理分析，它根据现实原则来调整我们的欲望。成熟的格言应该是：重要的是了解历史，而不是改变历史。最好的经济学科学家，不管属于什么学派，从不会相信预言未来是什么好事。

　　换句话说，在批评现代主义文化时，有用的分类并不是科学 /
非科学，而是魔法 / 非魔法，就像格林所言。在 20 世纪 30 年代现
代主义圈子里，把现代主义的敌人说成是纳粹主义的现象很常见。
但真实情况是，纳粹从已经变得魔法化的现代主义科学中，获得
了很多力量。奥斯维辛的建筑和陈列，让我们想到的不是塔罗牌
和水晶球，而是现代主义的实验室和发疯了的工业化进程，为的
是铺设出未来的场景。同样，当现代历史科学向神话的诱惑让步
时——比如国家命运的神话或者社会工程学的神话——它们就变
得愚蠢而具有魔法，而且很危险。这里真正的非魔法的科学会告
诉我们，所有事都需要付出代价（we cannot do without cost）。这
种非魔法的科学拒绝将科学家变成巫师。它也拒绝兜售万金油。
危险来自现代的多愁善感者，他们受到了极具魔法力量的科学神
话的蛊惑。

第八章

美国问题: 如果你那么聪明, 为什么没钱呢?

遗憾的是, 经济学有时会忘了自己的科学职责, 并开始承诺魔法故事, 它告诉人们只要关注当地经济学家说什么就能扭转命运。长久以来, 在我们的世界中, 物理工程学的魔法滋养了我们对社会工程学的幻想。人们期望经济学家用专业知识的魔法来满足这种幻想。

美国人说他们不大赞同专家说的话。就像杜鲁门 (Harry Truman) 说的, "专家就是这样一种人, 他们不想学习任何新东西, 因为如果他们学了, 就称不上专家了"。欧洲人承认, 他们需要靠专家来继续他们的阶级斗争, 而美国人对此的回应则是一片嘘声 (Bronx cheer)[1]。尽管很久以前, 哥伦比亚大学校长尼古拉斯·默

1　Bronx cheer, 布朗克斯的欢呼, 这是句反话, 不是欢呼、捧场, 而是喝倒彩。这个词, 跟美国纽约布朗克斯区著名的杨基棒球场万千球迷动不动就喝倒彩有关。

里·巴特勒（Nicholas Murray Butler）让大学成了专家在美国的避难所，他还是说他们对越来越少人知道的东西知道得越来越多。通过把欧洲人和尼古拉斯·默里的观点对比来看，尼古拉斯的小儿子塞缪尔·巴特勒（Samuel Butler）总体而言对假模假式（pretension）毫无尊重，而对专家们则充满敬意："公众所知不足以成为专家，但公众所知足以在专家之间做出决定。"在做出决定之后，公众采纳了专家的魔法意见。

喔！真的是这样吗？那些向往新世界的人们在言谈中满是丧气话："看看这是谁在高谈阔论呀！""你在哪下车？""小子，你以为你是谁？"而从缅因州到加利福尼亚，资本主义的美国式民主派则很重视大多数美国人不屑一顾的这个美国问题（the American Question）："如果你那么聪明，为什么没钱呢？"

好吧，为什么呢？美国学者所受到的奚落，在德国或者法国学者看来难以想象，人们奚落他们挣钱少，不愿从象牙塔里走出来，或者奚落这些聪明的脑子还乳臭未干。但我们想一想，如果他们真的那么聪明的话，为什么他们还没有变得富有呢？

这个问题比大多数知识分子和专家愿意承认的还要深刻。如果专家声称他们能够给人们带来真正的财富，不管是金子还是荣耀，那么这个用富有来检验专家的方式倒是很合情合理。至少，这个美国问题应该对专家在黄金问题上发表的意见有所限制，而与之相反的故事也就可以从经济学开始。这个问题到此还不算完。这个美国问题让那些声称自己拥有魔法，也即能提出让人有利可图的专业意见的人难堪（因为这种人不能证明他靠此赚到了钱），能让那些事后诸葛亮的历史学家式战略家，或那些提出艺术的构成方式的批评家难堪。那些自以为是的聪明人，总是声称自己拥有浮士德的智慧，"他们内心深处受这种急进心机蛊惑，行止超过天地所许"。（Whose deepness doth entice such forward wits/ To practice more than heavenly power permits.）

　　从经济学说起。我们假设从路边捡起 500 美元钞票是一个人类行为的公理。那么这个一般贪婪公理（The Axiom of Modest Greed）并不涉及对冒险的好处的精密计算或者更大意愿。一般人看到 25 美分也会悄悄走过去捡起来（试验发现，曼哈顿人会走过去捡起 25 美分）；而看到 500 美元钞票，人们会飞奔过去。这个公理并没有什么争议。所有经济学家都认可这个公理，不管他们是不是"相信市场"，你应该也认同这个公理。

　　然而，这个公理有一个让人苦恼的结果，成年生活的无聊滥调，以及一个让人失望的小小的五百美元钞票定理：

　　　　如果一般贪婪公理是成立的，那么今天在你家所在的社区就不存在躺着 500 美元钞票的人行道。

证明：通过反证法，如果在 T−N 时间段存在那么一张躺在地上的 500 美元钞票，那么根据定理，一定有人会在 T 时间以前，在今天以前，把它捡走。

这个高级科学推理离常识已经不远了。如果一个人给别人提建议，告诉对方怎样才能找到路边躺着的 500 美元钞票，而他只象征性地收取一点服务费，谨慎的成年人会拒绝这种服务。如果真有 500 美元躺在路边，那么这个对自己的建议信心十足的人早就自己把它捡走了。

这种常识太过明显，自信的游戏必须将自己伪装在自利的虚假修辞中才行。在放鸽子骗局里（The Pigeon Drop）[1]，受害者（也就是鸽子）相信自己只花了银行账户里一点点钱，就能获得在路边"捡到"的一大笔钱的一部分。他必须相信骗子跟他要的只是一笔用于保护骗子自身利益，免得这笔钱被鸽子卷走的保证金。（在骗子带着受害人银行账户里的钱人间蒸发后，受害人才发现，他得到的那一大笔钱不过是两张 10 美元钞票之间夹着的一叠废纸。）甚至连受害人自己都不相信会有人出于好心给他 500 美元大钞。

最典型的案例是快速致富。你收到一封信，上面写着："世

1　凑份子骗局。

界上最伟大的秘密！现在你可以学到怎么在未来 90 天里获得 5 万张崭新的 5 美元钞票……来自计划发起人的私人信息。爱德华·L. 格林（Edward L. Green）。"塔尔萨（Tulsa）的卡尔·温斯洛（Carl Winslow）证实了发起人这样意想不到的善意："这是我收到过的唯一最切实可行的赚钱计划。我参加了，因为计划确实管用！"

常识告诉我们，这个计划是肯定不会管用的。尽管这个计划用到了一些共同利益的说辞——相信我，兄弟，这笔生意对你我都有好处——但它并没把这种说辞用在自己身上。如果格林先生掌握了获得 5 万张 5 美元钞票的秘密，只有你的那一张 5 美元钞票对他的生意链条和爱德华·L. 格林有好处的时候，他才可能告诉你。但除了格林保证你还处在这个链条的早期之外，你没有别的理由去相信他。如果你没在链条的早期，那么你寄出钱也不会得到任何回报。小孩子会订阅这种连锁信[1]——或者有担保投资内战时期玩偶的生意，或者适合收藏家收藏的总统纪念币——并寄望于赚钱；而成年人不会这么做。任何一个有生活经验的人，都不会相信美国最大的杂志促销公司 PCH（Publisher's Clearing House）所写的鬼话："Z. Smithh 女士，你刚刚赢得 250 000 美元奖金。"成年人不会指望飞来横财，他会谨慎地问："为什么他们会告诉我呢？"

---

[1] 连锁信骗局。

所谓的谨慎，指的是对从路边捡到 500 美元大钞这类事情抱有怀疑。除了对那些每天投资连锁信和那些订阅中奖杂志盲目乐观的美国人之外，这些都是简单得不能再简单的道理。

因此，在赛狗场或者二手车场热情过度跟你握手的人，倾力推销打折促销活动，或者友情提示，或者只针对您特价酬宾之类的，并不会对谨慎的成年人构成诱惑。然而在达蒙·鲁尼恩（Damon Runyon）慈善晚会这样的场合之外，对于可敬的或者贪婪的人们来说，类似情况就看似合理了。上流社会的受害者对骗子趋之若鹜，迫不及待地相信专家先生会免费告诉他们如何赚到一百万。

例如，人们往往会在鸡尾酒会上问经济学家，利率将会怎样波动，或者房价以及玉米价格会发生什么变化等等。人们认为，向经济学家询问未来，就像在聚会上问医生他们的胸口痛是怎么回事一样。你能让专家免费为你服务。以玉米为例。任何中西部农业经济学家都会花很多时间上电视，跟观众分享他们的意见，比如下个月玉米价格会发生什么变化。当然，如果所有人都知道的话，这个专家也肯定知道。如果到头来还是没有人知道（或能够知道）情况，那这就是没用的消息了。

然而，一个声称知道玉米价格会怎么变化的经济学家，实际上也是在声称他知道怎么捡到 500 美元大钞。只要以他的房产做一点抵押，或者以他素来理智的名声作为担保，他就能很快捡到

50万美元，然后捡到5亿美元，然后捡到更多。没什么不可能的。如果农业经济学家可以比期货市场更好地预测玉米价格的话，那他会非常有钱。

然而，他却没有把钱放在他嘴巴那里。[1]他并没什么钱。那么，紧接着我们也可以判断他根本没那么聪明。

可能会有人反对说，赚钱是有风险的，而且经济学教授们大都很谨慎。因此，他们不想拿钱出来。这个反对意见的问题在于，对玉米价格的打赌可能会被规避掉，也即保险。这就不成其为打赌了。那些能平均而言比市场哪怕聪明一点点的人，也能毫无风险地赚很多钱。因此这也就不足为奇了：对玉米低买高卖的机会，就像在20世纪60年代运营电视的权利，或者在20世纪80年代进口丰田汽车的机会一样，跟在任何时候捡到500美元大钞没什么差别。

可能有人会反对说，赚钱很复杂，而且经济学教授是在复杂性方面受过专门训练的专家。因此，捡到500美元大钞的机会不是人人都有，而仅仅他们才有。这些巫师赚到的只是他们的价值，也即多年努力学习法术的正常回报而已。这个反对意见也是有问题的。第一个问题是，巫师在鸡尾酒会上或者报纸上，免费告诉

1　"does not put his money where his mouth is" 是句美国俚语，就是光说不做，口惠而实不至的意思。嘴巴说得那么响亮，而实际上却没有拿出钱来表示诚意。

我们他们对玉米、债券或者房子的未来价格。为什么他们要把自己去魔法学院上学的正当回报，拱手让给毫无关系的陌生人呢？

第二个问题是，他们所声称的魔法是系统化的，用俗套堆砌成的，而且，当你真正考察它的时候，就会发现这些魔法十分简单。它涉及的是在分散的各个点之间连上合适的线。像承诺所说的那样，你只要学一门经济统计课程，就能预测未来，赚到钱。我们很难相信这样的承诺，因为它听起来特别像"世界上最伟大的秘密"。一般的秘密和常规的建议确实有的也来自经济学，而且毫无疑问，经济学家也确实有一定的能耐。然而，我们不能指望在一本书里，或者甚至从数年专注的经济学学习中，获得无尽的财富。与无尽的财富相比，多年的学习的成本就像捡起 500 美元大钞的成本那样微不足道。如果有人知道预测未来玉米价格的学术公式，那么这个公式早就被人利用了。

这个美国问题暗含的灰暗事实也同样适用于股票市场。因为股市明显与预期有关，而关于预期，我们多少总知道一些，而且因为股市充满了各色穿着光鲜亮丽羊毛西装的专家，所以这个事实有点令人难以接受。嘿，巴伦的分析和《华尔街周报》不会骗我的，对吧？当然，所有这些分析和专家，还有技术精灵们总得知道点什么吧。

不，不，很不幸，他们确实不知道。他们讲的确实没什么道理，一点都没有。原因正在于这个美国问题和这个五百美元大钞定理：你的小区不存在这么一个地上躺着 500 美元股市收益的人行道。如果股票经纪人有这么聪明，那么他就不会指望靠向鳏寡孤独卖股票信息来养家糊口或者发大财了。就像连锁信骗局一样，情报贩子泄露内部信息是为了赚你的钱。股票经纪人修辞性的装腔作势和赛马场情报贩子随时准备提供深思熟虑后的建议，但他们的所作所为与其处境是十分矛盾的，这种矛盾在修辞上称为"因人废言型诉诸人身"（circumstantial ad hominem）。这也就是说，"你既然这么聪明，而且有这么好的建议，为什么你自己不去做呢？"

鲁尼恩 [1958（1933），p.19] 知道经济学预测的分数。他说："情报贩子，是指围着赛道走来走去、兜售比赛信息的家伙，不过，即便他能找到那些愿意听他瞎掰的人，尤其是那些笨蛋，他也总是处于破产边缘。要是他没破产，情报贩子就算不上情报贩子了，而应该算赛马优胜的预测者了，而且，他会受到所有人的尊重。"说实话，鲁尼恩自己就是情报方面的笨蛋，经常输而且输得很尴尬，他在每一匹马身上押两美元，这么做仅仅是为了至少蒙对一回。（Clark 1978，p.197）

我们充分领略了这个美国问题和五百美元大钞定理的力量。如果我们知道明天太阳会升起，素数都是奇数，那么我们也知道那些像这样聪明的人会发财，而遍地是五百美元大钞的人行道会被人们捡干净。因此，对股票的预测——与市场当下的信息不同，它只是对进行中的现象的观察，是舆论的共识，反映在价格上——一般而言是毫无价值的。

因而，要搜集有关华尔街的五百美元大钞定理成立的统计证据就变得轻而易举了——世界各地的股市确实会以难以预测的形式波动。现在看来，这方面的证据多到不可胜数。1933 年，现代统计经济学创始人之一阿尔弗雷德·考尔斯（Alfred Cowles）在一个标题中提出了这个问题："股市预测师能预测股市吗？""很可疑。"他答道。考尔斯自己就在 1931 年放弃了一个预测股市的生意，原因是他为自己没能预见到大崩盘而感到耻辱。伯顿·马尔基尔（Burton Malkiel）的《漫步华尔街》（*A Random Walk Down Wall Street*, 1985）一书给出了一个自考尔斯以来的易懂的研究总结，比如库特纳（P. H. Cootner）编辑的《股票价格的随意性特点》（*The Random Character of Stock Prices*, 1964）。股票价格的可预测性充其量也是令人怀疑的。

可能会有人反对说，有些成熟的人还是会花钱购买股市建议。经济学家（而且只有经济学家）才会认为有人买了某种有价值的东西。对此，社会学家和前股票经纪人詹姆斯·柏克（James Burk）给出了回应。他发现，提供建议这个产业最早出现在 20 世纪早期的法律判决中（1988）。法庭判决最先认为养老基金受托人或者一个孩子所继承的财产的受托人，如果没有听取合理的建议，就可能要为坏投资负责。这个判决带来的影响跟法庭判决认为一个谨慎的人应该咨询占卜委员会或者鸟群的影响是一样的。在罗马就是这样：一个不听占卜官[1]建议的元老院成员在退休后可能会被起诉。而美国则通过法官判决，决定应该存在一个给股市提供建议的产业，不管这个产业有没有价值。这个产业确实存在，而且确实毫无价值。（欧洲很幸运没有这样一个专门提建议的产业，因为那里的法律不同。）这个产业也可以同样因为法官判决而消失。如果有法官提出这个美国问题，并认为股票经纪人应该为他们不成功的建议负责，那么这将拯救无数鳏寡孤独，使其免受投资建议的影响。

有人可能会反对说，毕竟人们在股市挣了大钱。但人们也在迈阿密的赛马场挣了大钱。有人在 20 世纪 20 年代早期送给斯图兰（Stueland）爷爷一些美国收音机集团（Radio Corporation of America, RCA）公司的股票，而他后来很后悔在斯图兰电子（Stueland Electric）公司投了资。有些人确实买了 RCA 公司的股票：他们之前肯定知情。有些人在股市经纪人那里赚了钱，或者幸运的迈阿密海厄利亚赛马场（Hialeah）的一百美元窗口赢了钱，这并不意

1　古罗马的占卜官（augur）用观察飞鸟行动等方法进行占卜。

味着他们对自己的真实信念心满意足。他们本是靠运气赚钱的，而不是靠什么高明的技术。人们在吃角子老虎机上也能赢点钱，但却不知道为什么，因为他们没用到什么合理的、能说清楚的或者能写得出来的技巧。而且，即便有些人确实知道他们会赢（比如可能上帝在梦里告诉了他们，或者靠他们真正内在的知识），一般的鸽子（上当的人）根本不可能知道这些自称专家的人所知道的东西。他们为什么要告诉你呢，老弟？

最后，可能有人反对说，经济学家或者股市债市房市中的预言家因为没机会拿到大笔贷款，所以才没能赚大钱。然而，国际财团确实能拿到大笔贷款，而如果拥有智慧只是简单因为他是一个经济学家的话，那么完全可以成立一个经济学家组成的财团。一个由斯坦福和芝加哥大学著名经济学家组成的财团在20世纪70年代早期，认为当时空前的高利率（6%，6.5%，我的天，甚至达到7.5%！）肯定会降下来。换句话说，债券价格必须上涨。这是买债券的好时机。经济学家们在一次午餐上抱怨说，银行家不愿贷款给他们，让他们在这个确凿无疑的事情（也是世界上最大的秘密）上赚一笔。但可悲的是，在这个事件中，银行家是对的。利率不但没有下降，反而上升了。经济学家组成的财团靠着他们的专业知识赔得底儿掉。

这是寻常事。我自己也在肯定会赚钱的房地产市场和由经济学家组成的财团所做的外汇投机中赔过钱。从凯恩斯（他经常早饭前就开始赔钱了，但有剑桥大学的支持）和欧文·费雪（Irving Fisher）（他通过在 1928 年兜售股票，使耶鲁大学给他的资助减少到了哈佛给他的一半）一直到一些最新近的经济学家用黄金投机数学模型赚钱的例子，经济学家就从来没有赢得过银行家对他们的信心。研究这个问题的学者 [1986（1982），541] 保罗·萨缪尔森写道："这就像牙医或者计量经济学副教授的流氓游戏一样，以为他们和电话，与非洲数可可豆荚的人和逐条跟进新信息的人相比，占据优势。"

　　据说经济学家中最著名的反例是已故的奥托·埃克斯坦（Otto Eckstein），他是一个极具常识且精明的经济学家，他将经济的大规模统计模型扩展到了商业应用中。他把数据资源公司（Data Resources Inc.）打造成一个在 1984 年盈利 8400 万美元的公司。但该公司并没有用自己对价格和利率的预测来进行投机。它把这些预测卖给别的公司，主要是那些渴望获得一点神秘知识，以便应对世界不确定性和回答愤怒的股票持有人的公司："我们采纳了最好的建议。"如果数据资源公司相信自己的预测，并以此为依据进行投机生意，而且自身所持观点是正确的，那么它本应该比现在更加富有。如果说奥托·埃克斯坦或者萨缪尔森，或者其他诚实的经济学情报信奉者们实际上确实变得富有了一些，这并不

176 ·

足以回答这个美国问题。奥托·埃克斯坦和萨缪尔森 [以及华尔街的路易斯·鲁凯泽（Louis Rukeyser）和百老汇的 Hot Horse Herbie] 是因为贩卖建议而变得富有的，他们使用的是模型和统计方程，还有其他天花乱坠的说辞，而不是因为听信这些建议。

老加图（Cato the Elder）说肠卜僧们[1]彼此见面时都会忍不住大笑，这帮人在古罗马用接近计量经济学的专业知识检视肝脏和肠子。经济学家也了解无数类似的把戏，说明了他们做不出能带来收益的预测：预测是十分困难的，尤其是预测未来；经济学家是一个可以在明天告诉你为什么他在昨天预言的东西没有在今天发生的专家。（An economist is an expert who can tell you tomorrow why the thing he predicted yesterday didn't happen today.）在预测中，我能指望的最好的情况是，预测要么错得离谱，要么幸运地应验。

我们不能因此大意。没人会怀疑一个知识丰富的经济学家可以告诉你一两件有关未来的事，而这多是因为他对现在的情况十分了解。经济学家罗伯特·索洛（Robert Solow，1982）在对数据资源公司的预测进行评价时说："公司每个月都提供一份有关数据的严整分析，这种条理性十分明显，人们的注意力很容易就被吸引到那些看起来与一个理性人对经济的理解相一致的事件上去。"

1　肠卜僧（haruspex），古罗马的占卜师，以察看为祭祀而宰杀的牲畜的内脏或肠子以及观察闪电等现象来占卜吉凶。

这个美国问题并没有让人们对没办法让人赚钱的预测产生怀疑。如果预测太过寻常或者不能给人提供低买高卖的办法，那这个预测就卖不出去。预测明年的国民收入不会降到零就像预测太阳明天照样会升起一样，没什么价值。

其他人把经济学家当成了社会天气预报员。经济学家并不买账，因为他们知道自己没那么聪明。如果天气预报员和价格预报员能够保守秘密，他们就能靠好的预报赚大钱。实际上，通过观察橘子汁的期货价格，你能得到比听国家气象服务更准确的有关南佛罗里达州冰冻天气的情况。这并不稀奇，种橘子的人和买卖橘子的人已经雇用了气象学家来做出比这些服务更准确的预测。

事实上，经济学家并不怎么做公共预测者的工作。维克多·扎诺维茨（Victor Zarnowitz）是这个领域的佼佼者，而他也仅仅对这个最有希望的方法做出十分谦虚的声明而已。扎诺维茨和杰弗里·摩尔（Geoffery Moore）1982 的研究显示，由摩尔发明的一个几乎最近每个月都要出现在媒体中的"主要指标"（leading indicators），确实可以预测商业周期高峰——但可惜的是，预测的准确范围介于 1 个月到 19 个月之间。"经济学家的预测往往是对的，"西德尼·韦布（Sidney Webb）曾说，"但一般在日期上能差好多。"如果现在是八月，那么牙买加很可能过一阵子会迎来一场台风，与这样的预测相比，说未来 19 个月内繁荣会终结似乎稍好一点。然而如果经济预测师决定退休到牙买加定居就不那么明智了。光有利可图还不够；如果够的话，肯定也是打了折扣的。

还有其他的方式也能让我们对经济学家的预测产生同样的怀疑。其中一个是，与人类不同，台风并不听预报。人类对经济学预测的反应会抑制或者加强这些预测。这就好像正在牙买加北部肆虐的台风对一则预测明天台风会远去的新闻说："嗯，我最好还是掉头去牙买加算了。"相信人们有"理性预期"的保守经济学家就是这样想的。人们不必接受这个理论的所有部分，才能相信下面提到的这个更加谦虚的定理：人们并不傻，他们不会那么容易惊讶（surprise）。如果人们不那么容易惊讶，经济也就不那么容易受操纵，而且经济的潜在操纵者也不会既富有又有权势。

适用于天气预报的更复杂和进一步的流体力学公式，并不包括能够排除廉价但是能够赚钱的预测的公式。而经济学模型包括。一个足够聪明、知道经济学等式答案的人将会变得很有钱，除非有利可图的答案已经由模型展示出来，或者被打了折扣。但根据五百美元大钞定理，这些答案本来就已经打过折扣了。如果这里所说的模型是一条能广泛使用的信息，或者其实质已经融入人们广泛持有的判断，那么它在让人们变得富有上一点用都没有。可能回顾起来充满智慧；而对预测未来而言，则乏善可陈。

这个美国问题和这个五百美元大钞定理严重限制了经济学家

和计算机对未来的了解。所有经济学家在看《华尔街一周》电视节目的时候，都会觉得在背叛自己的学科。他应该感到高兴。通过自信地断言这门学科不能做出让人赚钱的预测，他的学科证明了自身的可靠；的确，没有哪门人类科学能够做出让人赚钱的预测，甚至股票经纪人也无能为力。这个经济学定理十分强大，强大到足以应用到经济学家身上。

后现代主义经济学家在能够赚钱的细节上十分谦虚，这些细节能让她低买高卖。她尤其必须对 20 世纪 60 年代经济学家骄傲的说辞保持谦虚态度。当时的经济学家认为，他们能够将经济调整到臻至完美的状态，能够制完详细的货币和税收调整计划，以抵消即将到来的衰退。随着经济学家和其他的卡米洛骑士[1]专家经过傲慢的悲剧，现在终于意识到，如果一个经济学家可以洞穿未来，那么她必定发大财。精细调整违背了定理：一个能够对经济进行精细调整的人，必定看到她家附近的地上摊满了 500 美元大钞。能够对经济进行精细调整的知识，也肯定能让经济学家们赚得盆满钵溢。经济学家们仍然在电视评论员的麦克风里放言各种十分具体的预测，但他们心里明白自己是错的。

1　卡米洛（Camelot）骑士，源自英国亚瑟王和他的圆桌骑士的典故。

　　这个美国问题要求经济学专家保持学术的谦虚态度，如果他们不想别人跟他们见面时笑出声的话。傲慢需要神圣的保护。色诺芬写苏格拉底曾说："那些想把家庭或城市管理好（*oikesein*）的人需要占卜。因为木匠……或经济学（*oikonomikon*）的手艺……可能可以被学到……但这些事物最伟大的部分是神明藏为已有的……如果有人假设这些（占卜）并非超越理性智商，而且其中没有超出我们判断的地方，那么他自己就已经超越了理性。"（色诺芬，I.1.7）苏格拉底可以向传达神谕者寻求一门手艺的占卜汇编。而今天的我们已经失去了神明的庇佑，而经济学技巧的书籍没法减轻我们的苦难。

第九章

批评的极限

　　如果经济学家真有那么聪明的话，肯定会很有钱。但这还不算完。剩下的跟一个古老而很有道理的对批评家的怀疑有关，也即认为批评家可以像艺术家一样做艺术。美国问题嘲笑的是批评家的骄傲自负，不管他是人文主义者还是科学家，也不管他是业界人士还是政策制定者。

　　关键的是，批评家得到的利润不一定是货币形式。政治权力也躺在人行道上，等着被人们捡起来，如果5000选票定理有问题的话。这个定理是指政客及其顾问相信，他们看到有5000张选票躺在那里等着被人们捡走的想法是错误的。但这个定理肯定正确无误。世上不存在一个被写进书里的简单方法可以得到5000张选票。政治学家虽然没办法用他们操纵结果的方式预测选举，但还是比他们研究的政治艺术家好多了。

注意利润率的条款。政治学家可以做出正确的预测 ["一个自称革命社会学家的人，不会很快获选进入橙县（Orange County）的众议院"]。但他们无法做出任何有价值的预测（ "在选举前的三个星期里，在第二、第七和第九频道花上 20 万美元购买 10 秒广告时段，能够保证 Jones 获选进入众议院" ）。如果两个帝国死战，那么必定有一个伟大的帝国会垮掉。而有价值的和极为困难的那个预测，能够指出垮掉的是哪一个。

这不是说花 20 万美元做电视广告从没帮人赢得选举，也不是说在选举后，政治学家没办法解释这个结果到底是金钱还是电视的胜利。这么做曾经是个好主意。然而在电视广告赢得第五个国会选区的胜利后，这个结果将在第四个国会选区，以及第六个，甚至第 N 个同样奏效。如果真这么容易的话，那么 500 美元大钞或者 5000 张选票的机会就会被人们捡走。用经济学家的话说，这个超正常利润就会消散（dissipated）。尽管存在不确定性，政治建议的可预期回报应该几近于零。

如果大选评论家有这么聪明的话，那么她应该可以把自己的分析卖出去。苏格拉底学派自吹自擂说（与智者派不同），他们不为自己掌握的真理收费。智者派的伊索克拉底（Isocrates）反驳道：如果你的真理那么有价值的话，为什么经不起市场的检验呢？政治活动委员会（Political Action Committees）根据自身支出情况预测大选结果的一个研究，至少应该能够卖给该委员会本身。如果卖不出去的话，那么这或许就不是什么有价值的建议。鉴于它给出了有关过去投票情况的详细记录，这可能是好的历史，但很明显它并不能作为如何在未来获得更多投票的好建议。就像经济学家喜欢说的，在边际上看，你只能得到你花钱买的东西（At the margin，you get what you pay for）。这个美国问题和五百美元大钞定理限制了所有面向未来的观点。

如果预言家想要的不是钱的话，那么也不一定要用货币来支付。假如这个美国问题没有让人们对预测体育赛事也产生怀疑，那么，在当地沙龙里获得声望是轻而易举的。但它确实让人们怀疑了。对普通人而言显而易见的体育赛事结果的特征将反映在赛事赔率上。只有新鲜的细节才能给人们高于用钱或者声望来衡量的平均利润。然而新鲜的细节并不容易得到。生产信息，跟生产钢铁或者理发一样，是很花钱的。

这个美国问题可以用于质疑所有对趋势的预测，不管是在媒体、社会学、政治科学、商业艺术还是别的地方。举个例子，有些人可以预测时装的时尚趋势，但却不是通过书面方式。他们可能有一种真正的信念，但在对其合理化的时候，这种信念就变成谬误了。如果这种信念可以成为一种惯常，并且可以写下来，那么它就不再珍贵，也不再正确了。成功的时尚设计师有自己的独门诀窍，他们为此获得很高的酬报，而且他们对此缄口不言。如果裙摆的长度也遵循股市波动变化（当然它是直到最近才开始引领股市波动的），那么便宜的财富就可以通过利用事实来获得，而实际上，这种财富会被掠夺殆尽。但便宜的财富本身就是自我矛盾的。

就像人们对有关股市预测的说法一样，对偏好（tastes）进行预测是否可行也令人存疑。预测人们的偏好也有点自我矛盾。至于有人说广告商能够预测，并因而能够操纵人们的偏好，这不过是给广告业做了很好的广告而已，然而在其他方面，还是令人怀疑。当万斯·帕卡德（Vance Packard）写下《看不见的说服者》（*The Hidden Persuaders*）这本严重夸大广告能力的书时，他在广告圈的朋友们都很高兴。加尔布雷思（J. K. Galbraith）同样也为麦迪逊大街做了它本身做不到的事，也即说服有影响力的人，让他们相信广告商有能力让人们买他们的商品。如果偏好可以像广告批评者说的那样轻易受到操纵的话，那么广告商早就发大财了。爱荷华大学的一个研究发现，电视广告促销在改变人们想法方面并没有他们说的那么有用，这就不足为奇了。（Tellis，1988）

所有的未雨绸缪都受到这个美国问题的限制。优先占有（first possession）的法律规则，比如就像在采矿业或者发明中那样，让第一个发现的人有权拥有矿层或者发明专利，同时使得人们在竞争中有激励去浪费资源，就像柯达和拍立得公司的竞争一样。如果最高权力将给予权益（entitlement）拍卖给最高出价者，使得人们提前合理地预期到结果，那么整个社会都会变得更富裕。但就像法律经济学家戴维·哈多克（David Haddock）写的，"在新知识里有争议的地方，找到合适的解决方案就变得更加复杂。在这种情况下，我们无法定义一种给予权益（entitlement），因为我们无法想象我们还没有想象到的东西。"（1986，p.789）

　　这个美国问题质疑的是一种声称拥有对获利机会（profitable opportunities）的系统性的、正当的、能廉价获得的且能被书写下来的知识。我要再重复一遍，我们需要对这种"利益"（profit）做宽泛的理解。早在 20 世纪初，一小群数学家就抱怨人们根本不理解某些受到广泛讨论的数学话题，甚至从原则上也令人费解。一个已故的这种"建构主义者"（constructivists）领军人物埃里特·毕晓普（Errett Bishop）用到了这个美国问题。一个真正的最小上界应该存在于每一个有界序列（比如以下序列 0.9, 0.99, 0.999, 0.9999, 0.99999, ……的上界是 1.0；且应用于所有有界序列, 不管多奇怪）。这个概念在非建构、"形式主义的"分析中（也即大多数现代数学中）是经常使用到的。然而，毕晓普指出这个界限需要进行建构，如果一个系统性的、可书写下来的"解法 M"适用于所有此类序列（甚至那些比较奇怪的）曾经被尝试过的话。但任何聪明到能够想出解法 M 的人，都肯定在数学上是十分富足的："当然了"，毕晓普写道，"这样的解法 M 是不存在的，没人觉得人们能找到这样的解法。这样的解法将能够解决数学中大多数著名的未解问题。"（1985，p.7）就像预见利率变化或操纵选举的能力一样，理智地讲，解法 M 就是一个五百美元印钞机。

这个美国问题的能量取决于所涉及的数目。在股市上只要高出平均值一点点，就能让预言家获得超乎想象的财富。这个数目也超过了对正常教育或正常努力的正常回报。没人否认，一般知识只能让人获得一般工作。当然，在你掌握特殊知识后，也能获得特殊工作。但股市经纪人、经济学家或者情报贩子所声称他们掌握的特殊知识，其实并不特殊。它很容易得到，因此也不存在进入保护，因而也不能为你赢得特殊回报。有能力读懂赛马表格或者细心研究巴伦股市信息或者能够进行玉米价格统计，并不能让你变得格外聪明。因此，除非靠运气，人是不能变得格外富有的。

这个美国问题嘲讽了预言家、社会工程师和社会艺术批评家们的预测。一个能做出有用且正确的预测的预言家将是神明在世。

原因并不在于人类太复杂或者太多变，或者太自由。对社会科学的人文批评可能是正确的，但这些批评并不显著；批评容易，要回应也容易。科学家回答说："给我们钱，我们就能把活儿干了。"如果人们"最终是"自由的，可以被视为完全独立的个人，那么仍可以对他们进行平均的和群体的预测。而且如果人群太复杂，我们仍可以再用一百万美元换个模型对他们进行预测。只要能够视人类为彼此排斥的分子，问题就仅仅是把数学公式做对就行了。据说，预测人类注定比预测星星或者鸽子更复杂，但这是不对的。这取决于你要预测什么。一个人一天里体温的变化比起鸽子尾巴上第六十七根羽毛的扭曲程度更容易预测。这只是预测有多大野心的问题。太空飞行的"简单"问题"仅仅是"牛顿力学定理的应用罢了，如果要把火箭准确送到火星那里，我们只需要在高速计算机上运算几天就行了。对一个既定目的地的野心而言，复杂性仅仅是计算时间问题罢了。

这个美国问题对我们人类对自身的认识做出了更多根本性限制。它限制了人类行为的机械模型。有了它，机械模型对讲述有趣的历史或者进行惯常的预测并没有变得毫无用处；只是在获得对未来多一点预测上的优势地位方面，它使这些模型变得没用了。举例来说，如果人们像天真的行为主义所声称的那样可以预测的话，那么心理学家就会发大财，而人事经理就会变得无所不能。产业和管理心理学发轫于 20 世纪 30 年代，其建立基础就是这样一个假定的秘密，但只是给 34 街[1]带来了奇迹。让我们再回到经济

1　34 街（34th Street）是纽约市曼哈顿区的主要东西横贯街道之一，连接林肯隧道和皇后区中城隧道。这里引用的是美国喜剧电影《34 街的奇迹》一名。

学上来。议价问题的各种"解决方案"有这样一个缺陷：如果经济学家知道解决方案的话，那么玩家也会知道，这样一来，这个解决方案就毫无价值了。一台能够预测竞争对手下一步行动的计算机必定能卖上大价钱。如果计算机是廉价的，没人能通过使用它们而比别人更精明并发财。

同样，技巧的可教性也存在限制。声称拥有哲学博士学位能让人有资格教授"企业家精神"，甚至"卓越"，这是十分自相矛盾的。美国商学院现有的课程内容，教了一堆机械技巧，却低估了造就商业文化的故事和道德的价值。从纯粹形式上讲，一个商业上成功的人，要么是个幸运的傻瓜，要么是个神一样的天才。我们很难看出他们有什么不同。我有一个朋友，他最近取得了巨大的成功，为他的公司赚了一大笔钱，一大笔。他一点都不傻，当硬币落下显示反面的时候他能预知结果，虽然硬币反面出现的概率是50%。或许他低估了自己的天才，因为企业家确实有一种天赋，靠这种天赋，他们在追求自身利益的同时，促进了好的社会目的，虽然这并非他本意。

我们可以说，资本主义的进步靠的就是这些天赋。从观察的角度讲，这就等于说资本主义靠的是大量的傻瓜，他们泡在车库和活动板房里，其中一些将会很走运。（Nye，1989）爱荷华大学英语系的一位同事唐纳德·马歇尔（Donald Marshall）在给我的信中这样写道："刺激经济活动的是一种我们能够猜想未来的幻觉，专业知识被用来（其自身并不自知）保护我们不被别人发现'我们其实没办法猜测未来'，这种发现会让我们陷入绝望和无力。可笑的是……资本主义的优势在于，它能够将怀有这种幻想的人的数量最大化。"学者对资本主义的背叛是可鄙的，因为资本主义养活了学者。然而，还是有很多有钱又走运的傻瓜印证了学者们的报告：如果你那么有钱，为什么你不够聪明呢？

以出版为例。专家不能用寻常的方法来增进一个出版商的隐性知识（tacit knowledge）。出版商并不能以此为借口而忽视诸如计算机库存系统这类形式化方法（formal methods）。它仅仅说明，形式化方法不会长期带来非同寻常的高利润。这种形式（the formality）让它们很容易被抄袭。夫卜商学院并不是获得巨大财富的方式，因为商学院太好进了。挣五百美元易如反掌。人类决策中剩下的隐性的和非形式的特点，才是出版商因承受这种责备而获得报酬的原因。没有人工智能能够预测侯世达（Hofstadter）的《哥德尔、艾舍尔、巴赫：集异璧之大成》（*Gödel, Escher, Bach: An Eternal Golden Braid*）一书的成功；没有中央计划者能够预见《动物农场》（*Animal Farm*）的成功。实际上，出版商自己也没预见到。企业家如果允许犯错的话，他们会寻找并有时候能够找到这类机会。无数拒绝出版《动物农场》的美国出版商中的一个曾解释说，他们在那一年并不计划做任何有关动物故事的书籍。

人文学科也不能由机器来教授。加里·沃尔顿（Gary Walton）是一名经济学家，同时也是一所商学院的前院长。他写过一本有关"哲学家教练"的书，名字叫"超越胜利"（*Beyond Winning*），所谓哲学家教练就像美式足球中的伍迪·海耶斯（Woody Hayes）或者篮球界的约翰·伍登（John Wooden）一样。他很清楚，如果教练指导可以从一本书里学到的话，那么森林（woods）里就会满是伍迪和伍登了。[1] 如果教练指导在运动员身上发挥作用是机械化的，那么东德就不可能输掉任何一场奥林匹克竞赛了。教授非凡表现的能力本身就是一种非凡的表现。我们可以说运动界的例子也是学术界的情况：一个伟大的教练或者伟大的学者，并不是靠某种可以书写下来的技巧去指导学生，而是靠展示某种生活方式，而这种方式并不是所有人都能学会的。

可计算性（calculability）和可说性（sayability）的限制同样适用于语言和修辞本身。举例来说，如果所有人大喊一声就能得到他们想要的东西，那每个人都会大喊，就像在一个鸡尾酒会上那样，喊到嗓子沙哑，他们也不会得到他们想要的东西。保尔·格赖斯（H. P. Grice）将一个经济学的标签贴在了演讲惯例（speech conventions）

1　也就是说伍迪和伍登教练这样的人就会烂大街了。这一句的原文很幽默："He is aware that if coaching could be learned from a book the woods would be full of Woodys and Woodens."

的王牌上，那就是"剥削"（exploitation）。斯蒂芬·列文森（Stephen Levinson）把这一点写进了他的《语用学》（*Pragmatics*）一书中：

> 有一种根本的方式，使语言的沟通能力得到完整的表述，而绝不减损一系列语言使用的惯例（conventions）。原因在于，在有关语言使用的一些惯例或者期待出现的地方，也会出现对惯例或期待进行惯例的剥削的可能性。因此，一个纯粹惯例或基于规则的、对自然语言使用方法的描述是永远不可能完备的。（1983，p.112）

　　修辞的分析有这个限制，也即它能够明智且很好地讲清楚言语是怎样成为过去的，但我们却不能指望它为未来提供世界上最伟大的秘密。修辞分析可以说明西塞罗在《论目的》（*Pro Archia*）中如何利用层递（tricolon）这种修辞手法，笛卡尔如何利用修辞来攻击修辞本身，以及简·奥斯汀在《诺桑觉寺》中如何利用讽刺，这种讽刺经常是有意为之的、隐蔽的、有限的和稳定的。但修辞不会完结或者成为陈词俗套，否则，任何人都可以成为西塞罗、笛卡尔或者奥斯汀。一只关于曾经完结的语言公式的客迈拉[1]必须

1　客迈拉（chimera），希腊神话中一种狮头羊身蛇尾的动物。

留给弗雷格哲学[1]或者留给魔法。

在《浮士德》开头的几行中,在浮士德博士为魔法感到恼火之前,他感慨道:"我知道我们一无所知!这让我几乎心碎。"他立刻一扫这种怀疑,因为这个美国问题并不意味着我们一无所知,而仅仅意味着,就像他随后代表其他人类所抱怨的那样,他说他只是不知道如何改善人类命运(better mankind)。在后来的回忆中,他意识到了问题的实质:他的各种研究,去他妈的,并没能改善浮士德博士的命运,而他是人类的一个例子。"而我既没有地产又没有金钱,/ 在这个世界上既没有荣誉又没有光荣;/ 没有哪个人应该继续这样活下去。"这正是悲剧所在,也即浮士德做出获利预测的不可能性。他为了个人利益寻求"世界上最伟大的秘密";而他最终得到了,尽管并不是在人行道上轻易捡到的,而后享尽荣华富贵。

如果不是与魔鬼谈条件,科学也不能预测自身。这个矛盾也出现在经济学中,因为经济学明白无疑地要应用于自身。但这个矛盾适用于所有对新知识的预见。自我预测的不可能性在哲学上已经是老生常谈。你不知道你明天会做什么决定,除非你已经决定好了,在这种情况下,就不是明天,而是今天做了决定。

1　弗里德里希·路德维希·戈特洛布·弗雷格(Friedrich Ludwig Gottlob Frege,1848 年 11 月 8 日—1925 年 7 月 26 日),著名德国数学家、逻辑学家和哲学家。是数理逻辑和分析哲学的奠基人。

　　"预知能力"（prescience）是一种矛盾修辞法，就像廉价的财富：预知，也即预先知道。预知能力对于科学的中央计划至关重要。哲学家卡尔·波普尔（Karl Popper）和麦金太尔（Alasdair MacIntyre）以及其他一些人已经指出，要想知道科学的未来，我们就必须知道有关未来的科学。这是不可能做到的。麦金太尔凭借有关算术不完整性和特定表达不可及算性定理，注意到数学创新的不可预见性是一个缜密的例子，这后来在 20 世纪 30 年代得到了哥德尔（Godel）和阿隆佐·邱奇（Church）的证明。而且"如果数学的未来是不可预见的，那么还有其他很多都是一样。"（MacIntyre，1981，p.90）如果有人声称知道使用或者不使用什么方法就能得到好的科学，那么他为什么在科学研究上还没有富足起来呢？

　　其他的艺术门类也受到类似的限制。一些 18 世纪的批评家认为，他们有办法保证戏剧或者绘画出类拔萃。而现在，没有人会声称他们掌握了某种定式或者可书写下来的方法来建构出色的绘画，除非他在开一个后现代玩笑。一个方法将能够解决绘画，不过只是从 Tic-tac-toe[1] 的意义上说。这并不是说透视法或者色彩和谐规则不能建构或者无法应用。它们可以，就像诗人可以检查他

1　tic-tac-toe 是一种美国的"连城"游戏，二人轮流在一个井形的方格内画"X"和"O"，以先排成一列者得胜。

所用的韵格是否和谐，或者舞者检查自己的第五位是否正确一样。这只是说明，现在没有常规惯例或者可写可读的方法来实现艺术的富足。那些非同寻常的获利机会已经被人们捡走了，只给能力平庸的人留下一般回报。

这些累积惯例的每一个小部分都曾是某个人私人的而且是获利颇丰的把戏。天才一般比我们这些普通人有更多的把戏，而它们都会成为明天的惯例。第一个使用复式记账的佛罗伦萨商人对他账目的掌握，其价值与雅典雕塑家使用站立人体做模特相当。然而，在这个黑铁时代，没人仅仅从复式记账或者构图均衡[1]的设想中赚到五百美元。这里要说的是，当下的每一天都是黑铁时代，因为黄金一出现就被人捡走了。

惯常预测和令人咋舌的有利可图的占卜（divination）之间存在区别，与一般烹饪和获利颇丰的三星级烹饪艺术之间的区别相似。在柏拉图的《伊安篇》的一个短对话中，苏格拉底嘲讽了伊安（Ion）这个表演艺术家自认为自己知道些什么。苏格拉底用占卜的例子来嘲讽伊安自称有知识的说法，这本身意义非同寻常。阿兰·布鲁姆（Allan Bloom）曾经对这个对话做了评论：

1　构图均衡（Contraposto）雕塑或绘画中以对立方式表现出人体各部分的对应；构图的均衡，如左臂与右腿分别伸向不同方向。

如果我们可以把占卜视为一种艺术，那么它就是很奇怪的，因为它必须表现出自己知道神明的意图；作为一种艺术，它在一定程度上似乎预设了自由的、难以捉摸的神明已经受到了可以理解的必然性束缚。占卜假设了艺术的理性崇高，同时设想一个由艺术所不能把握的神圣存在统治的世界。（1970，p.57）

柏拉图和这个美国问题可能会说，所谓"占卜是一种艺术，希腊的技术（*techne*），仅仅是可写下来的手艺"的说法十分荒诞。

因此，柏拉图希望能把诗歌关进笼子，诗歌是上帝所有，而懂诗歌的人们借此认为他们比诚实的工匠——一个从各个层面而言都是技术人员的人——知道得更多。柏拉图的追随者知道，技术时代还对知识作为一种技术，一种被写在书中的工艺情有独钟。他们建议把那些缺乏这种工艺的书扔进火里烧掉，就像诗歌和自吹自擂，它们只不过是诡辩和幻象。麻烦的是，他们对完全理性的生活的描述，在语言游戏中可以书写的终极规则，必须有非常规的预测。而在人类事务中，一个能够赚得超过惯常回报的预测是不可能获得的，除非靠企业家、白痴智者，主创导演（*auteurs*），或者其他掌握隐性知识的天才。说可书写下来的知识能够引导这个世界度过困难时期，就像说中央计划能够指导经济一样，是自相矛盾的。如果哲人王和中央计划者那么聪明的话，他们早就发财了。

确实他们很富有，但原因并不是他们的预测能力。他们生活在一个充满希望的世界里，程序、机制、计算、官僚体制、MBA学位和其他社会技术将会使我们感到温暖和安全。但其实这些并不能带来温暖和安全，就像这个美国问题尖锐提醒我们的那样，虽然这个世界愿意为这种幻象花钱。

这并不是说获得关于经济的，或者关于诗歌和绘画的知识的项目毫无价值。在边际之内，用经济学家的话说，这种努力是值得的。世界就是靠这个运行。所有人都要知道怎么用字母来写字，尽管这是一个腓尼基天才想出来的，他也为自己赚了一大笔。尽管后来再也没有人能够指望靠知道 ABC 怎么写来赚大钱了。

经济学家观察商业世界，就像批评家观察艺术世界。经济学家和其他人类科学家可以用理智来看待现在的形势，并讲出有关过去的有用的故事。而这能够产生智慧，让人们进行宽泛而有条件限制的"预测"。有些预测显而易见；有些则只有经济学家才能做到；但没有一种预测是用来获得名望和财富的机器。

经济学家说，如果政府对房产征税，那么那些因为附近的好学校而价值高昂的房产业主，实际上是在为好学校付费。或者他们说，如果维持对日本汽车进口的自愿限制（voluntary restrictions），那么日本汽车生产商会在每辆车上获利大约 1000

美元，而美国汽车消费者则要为在底特律被解救下来的每个工作岗位，每年支付 16 万美元。尽管像智慧一样有用，而且能够让经济学家的角色像重要的理论家一样，但这两类预测都不是有利可图的（bankable）。

这里只是说在边际上，天才的超常利润和名声能够得以实现，而观察者的知识和实践者的知识是不同的，批评家并不是比艺术家更好的艺术家，而有关未来的模型也不能替代企业家天赋的直觉。当批评家把讲好过去的故事和做好未来的事相混淆的时候，他们就变得荒诞可笑了。艺术和文学批评家很久以前就已经不这样做，以免招人嘲笑。如果社会批评家也能像艺术和文学批评家们一样谦逊成熟，保持克制，那就再好不过了。

要成为一个合格的经理或者大学院长，一个一贯的现代主义者必须彻底忘掉他的现代主义——也就是程序（Procedure）会打理好一切的观念。如果"正确地"组织事务这么简单的话，那么人们会这样做的，而这正是媒体观念弄错的地方，它认为商业选择瑞典方式或者日本方式或者任何其他脑子里闪现的方式都是很简单的事情。社会工程学的狂妄与肤浅社会批评的狂妄是一样的。

一个对观察、记录和讲故事能够做什么有恰当的谦虚态度的人，不会受制于这个美国问题。我们可以观察经济史或者绘画史，并且在回顾时，讲一个有关商业资产安全或者有关灭点[1]分析的故事。像经济学家那样的专家是有关过去的专家，也是不用占卜或者牟利的天分即可知道未来的专家。人类科学家和人类艺术批评家，换句话说，写就的是历史，而不是预言。

哈里·杜鲁门想的差不多是正确的。专家就是专家，是一类参考已知知识的书牛，就自身本质而言，不可能学到什么新东西，要不然他就不能成其为专家了，他就会是企业家、政治家，或者大写的艺术家了。或许，专家批评家通过告诉非专家的企业家有关过去的故事，有可能让他们变得更加明智。但他必须接受低廉的酬报。像专家的这类聪明没办法让他们变得富有。

经济学教的就是这些。经济学教的是社会工程学的局限。它教的是我们可以很有智慧，很善良，但却不能很具体地预知未来。经济学有可以教给人文学科的东西，如果人文学科碰巧认为它们知道艺术的未来的话。如果专家们相信魔法，那么经济学也有很多可以教给专家的东西。

1　灭点（vanishing point），透视法中概念。

第十章

与经济学家同行

> 我最后一次见到法国王后是十六七年前，
> 那是在凡尔赛宫，当时她是太子妃……
> 我做梦都没想到有生之年会目睹灾难
> 降临到她身上，在她那由勇敢的人民组成的国家……
> 我以为，即使是带着侮辱地看她一眼，
> 上万把长剑也会为之出鞘。
> 但这是骑士精神没落的时代。这是诡辩之徒、经济学家、计算家的时代；
> 而欧洲的荣耀已经永远地绝迹了。
>
> ——埃德蒙·柏克，《法国大革命反思录》，第 73 页

专家声称他们的故事是"实证研究，而非规范研究"，他们用的是"是"，而非"应该"，表达的是事物是什么，而非应该是什么。这一声称是现代主义的中心。但故事也承载着一种道德负担。把道德负担隐藏在科学的幌子下是专业知识的精明把戏，也是万金油的秘密成分。

亚当·斯密是一个道德哲学教授。约翰·穆勒是一个道德和

政治哲学家。从那时起，世俗哲学家的故事似乎就已经摆脱道德了。但经济学的主题还是道德的，这让故意回避道德的任何声称都显得让人不悦。如果一个天体物理学家不愿从道德角度看待他的故事，我们大可不必担心。但是如果经济学家拒绝从道德的角度思考他们的故事，我们就应该担心了。

文学批评家屈特·海因策尔曼（Kurt Heinzelman）将"哲学与经济学的分道扬镳"标定在了象征性的 1871 年，那一年约翰·穆勒发表了他的最后一版《政治经济学原理》，而新的经济学科学家杰文斯（William Stanley Jevons）则发表了《政治经济学理论》（Heinzelman 1980，pp.85—87）。到 1900 年，《政治经济学词典》（*Dictionary of Political Economy*）已经可以用现在几乎没有经济学家会质疑的方式建构经济学这门学科了：

> 人们往往会误解道德与经济学的关系。政治经济学，恰当地说是一门科学，而非一门艺术。（注意英语对"科学"的使用。——作者）经济学首先旨在解释某个特定阶级的事实……经济学家掌握的经济学事实的特殊知识，能够让他们在经济学问题上给出宝贵建议，但这严格来说并不是经济学家的工作。经济学家的工作是解释，而不是敦促别人采取行动。因而，要说经济学家是否进行低级的道德说教或者彻底抛却道德，这本

身就偏题了。（Montague，1900）

　　人们应该把经济学家看作一个生意人，而不是一个说教者。他兜售的是葛莱恩的事实，而不仅仅是道德说教。[1]到1900年，"说教"（preach）这个词已经受人们鄙视，就像现在年轻人对他们父母的说教嗤之以鼻一样。《词典》也声称经济学事实是科学，而非艺术。到1900年，英语中"科学"一词也已经开始专门表示"穿着实验室白大褂的和能够量化的"。这个特别的英语定义让杰文斯和其他说英语的经济学家，在过去一个世纪里能够很轻松地假设一门科学可以无关道德。

　　当然，如果不涉及对幸福的起码追求，也即"获得更多"这样一种道德，那么经济学也将是一门很奇怪的学问。经济学的分支"福利经济学"，自20世纪20年代以来就已经开始产生大量道德问题。研究生院教给学生们的是，一个经济学家能做的唯一的道德判断是这样一个最不具争议的道德判断：如果所有人都通过某种改变过得更好了，那么这种改变（即"帕累托最优"）就应该发生。甚至像罗尔斯（John Rawls）这样的哲学家也采用了帕累托最优的概念，试图用经济学家的方式从帽子里抓出一个合理而

1　狄更斯小说《艰难时世》中的人物汤玛斯·葛莱恩（Thomas Gradgrind），推崇"事实"教育的教育家。

202

详细的道德理论来。这些年，福利经济学出现了一些更复杂的道德生活，比如在经济学家和哲学家阿马蒂亚·森（Amartya Sen）的作品中那样。但大体上福利经济学就是维多利亚时代的功利主义，满是冷酷无情的眼睛。

在芝加哥大学的韦恩·布斯看来，19 世纪晚期和 20 世纪早期道德思辨的衰落并不是什么新闻。他是现代专业教授的典型，1988 年出版了《我们的交流圈子——小说伦理》（*The Company We Keep: An Ethics of Fiction*）。他在书的开头写到文学学者自现代主义开始是如何与道德问题割裂的。"世上根本就没有什么道德或者不道德的书籍。"奥斯卡·王尔德这样说道，"书要么写得好，要么写得不好。仅此而已。"就像他的才华一样，王尔德说得有一点超前了。生物学家、历史学家、经济学家，甚至当时的神学家最终都不同程度地皈依了现代主义的超道德性[1]。世上就根本没有什么道德或者不道德的经济。经济要么是有效率的，要么是无效率的。仅此而已。在我们的一生中，"我们除了事实，什么都不要，先生。除了事实，什么都不要"。[2]

布斯的书给出了回应。它向经济学家表明，它所提出供人们

1　amorality，指无关道德，或者超越道德。

2　引用狄更斯《艰难时世》。

思考的"道德批判"可以超越文学。布斯本人很重视道德批判，就像 Ajax 厨房清洁剂的广告歌一样。这可以追溯到经济学无意识使用充斥道德的故事上去。茨维坦·托多罗夫这样写道："文学……是一种语篇导向（discourse oriented）的——让我们不要被乏味的语言吓到——走向真理和道德的东西……如果我们已试图撇开文学的这个必要的维度，那是因为我们开始将真理简化为对真理的验证，而把道德弱化为道德说教。"[1987（1984），p.164] 因为"文学"阅读着"经济学"。

　　最简单明了的一点是，经济学家都有道德，这是必然的。布斯认为，"即使那些努力将自己净化到最抽象的形式利益的批评家（他本可以说经济学家），其头脑中最终也是存有道德纲领的。"（1988，p.7）好吧，意识形态能够驱动经济学家，尽管他们抗议意识形态的天真。

　　然而，更重要的一点并不是意识形态，以及意识形态不能正确认识自己。我们早已经知道这些了。正如布斯为小说家细致说明的那样，重要的是经济学故事有一个道德负担："我们都将人生中很大一部分妥协给了故事……事实上，即使是统计学家和会计，也在很大程度上用故事来做好每天的工作：他们交给上级的报告、交给税务律师的账目，还有他们听来的小道消息和捕风捉影。"（Booth1988，p.14，下标点为布斯所加）"我们所有人都从生活中遇到的每一丁点信息中自发提炼出叙述来。"（p.162）"我们是不可能闭上眼睛走进一个没有故事的世界的。"（p.236）如果我们走进这样一个世界，我们"将拥抱所有叙述渴望的模式"（p.285）。

那么让我们从布斯对文学腐败这一中心问题开始，对经济学进行道德批判吧（p.11）："我们在读或听的时候是在哪个圈子里呢？"我们的母亲会告诉我们，维持一个坏的圈子很糟糕而维持一个好的圈子对我们来说很不错。尽管在其他书中没有对学术生涯进行回顾并不是他的错，韦恩·布斯在《我们的交流圈子》一书中并没有审视科学和学术的读和听（与文学相反），也因此并没有审视教师和学者维持的圈子。

经济学写作要求我们成为哪种人的程度则需要我们加以区别。

首先，经济学中的科学论文与其他文化中自觉的科学产品一样有着隐含读者（implied reader）。这个隐含读者有一些并不吸引人的特点：他是冷血的、枯燥乏味的，而且是不介入其中的（uninvolved）。牛顿和他的发明，也即科学论文，就是这样的典型。（Bazerman，1988，第四章）

与科学生产的其他高标准则（high-minded）一样，科学论文鼓励粗鄙的（low-minded）观念，认为其他道德问题"只是意见问题"。例如，经济学中的科学论文视收入分配的道德问题为不容置疑的问题，就像一个人对巧克力冰激凌的偏好一样。当然，仍然存在的问题就是："一旦我们决定要对我们的判断进行思考，而不是简单地加以断言，那么我们该怎样看待这些判断呢？"（Booth，1988，p.59）经济学和其他学科中的科学论文所断言的各种价值观并不全是坏的。但值得我们尖锐指出的是，它们也不都是好的，即便它们都是科学的。

关于在阅读经济学文本时要求我们成为什么样的人的第二点，倒是尤其具有经济学特点。经济学家要求读者为了经济学论证的需要而采取特定道德立场。我们大多数人并不喜欢经济学故事中的隐含读者："我愿意成为那类故事讲述者所要求成为的人吗？"（p.33）对于冷血的、精于算计的经济人（Homo Economicus），不，我们说："一种咄咄逼人的、充满敌意的理性头脑 / 从没有透过圣人的眼睛看过 / 或者透过醉鬼的眼睛看过。"然而，这种冷冰冰的计算最好有人来做，什么人都好，否则我们就会在夜里毫无所获地向无辜平民丢炸弹，或者选择有人驾驶的航天器，而不用无人驾驶的航天器。现代经济说理要求你成为的那类人并不完全吸引人，但却是当代社会不可或缺的。这种人对局限和选择采取十分现实的态度，很有用，虽然不怎么深思熟虑。

换句话说，从功利主义角度讲，经济学家是必要的。在政策问题上，经济学家推崇的道德立场是社会工程师的道德立场，他们冷漠地给完全就业或灭绝集中营提供方案。社会工程师会抗议说，他们跟灭绝集中营没什么关系。但接着他们必须问区别在哪里，这是经济学家不愿意去做的伦理考量。

再次，如布斯所说，"艺术家经常模仿他们所创造的角色。而现实中，作家则向他作品自身想象出来的优点和缺点靠近"（p.108）。同样的道理也适用于学者，而且可能更甚。研究中世纪教皇史的历史学家，或者比较政治学学者采纳了他们研究对象的方法，至少是从精神上如此。亨利·基辛格（Henry Kissinger）的第一本书是有关梅特涅的，[1]这并非毫无关系。人类学家最近已经开始探索他们研究的人类对他们自身的影响。早该如此了。

对经济学而言，对经济学创造出的角色所具有的道德影响进行分析很简单，而且一定程度上也是对的。一些经济学家模仿他们创造的自发经济人（*ipse homo economicus*）的角色。（比较Klamer，1983）任何管理过经济学家的人都会报告说，三分之一左右的经济学家都会用自私方式为人处世，当这种方式被人们挑战的时候，他们会得意地用人类经济学模型来为自己辩解。"如果让我为搜寻委员会工作，那么我要求明年给我加的薪水要比平时加的多。""吉姆，你在开玩笑吧！我不能把薪资和日常工作用

1　克莱门斯·梅特涅（Klemens Wenzel von Metternich），19 世纪著名的奥地利外交家。

这么机械的方式挂钩。我们赚多赚少大家都有责任。""哈！别跟我说什么集体责任。你相信经济学，对吧？"历史学家和没有疑问的文学教授有他们自己的职业病，但不顾脸面的这种自私肯定不是他们的职业病。他们的圈子里没人会这么做；只有在经济学界会这样，原因正是经济学家们所讲的市场的故事。因为同样的原因，要在学术生活或政府中找到一帮现代经济学家，并让他们投票得到绝对均等的加薪安排是不可能的，因为他们对竞争的道德深信不疑。这种平均主义的解决方案通常出现在大学历史学院里，而其中有些确实是自己投票决定薪水待遇的。

重申一遍，关注经济人行为的道德影响并不全然是不好的。经济学家认为，有时候他们所研究的光鲜亮丽的理性是值得模仿的。经济学为资产阶级（bourgeois）时代的道德思考提供了基础：积累（accumulate）；预见性（think ahead）；如果经济人的行为适合眼前的任务，那就有条不紊。尽量做到像当地风俗习惯那样诚实；但最重要的是，不要在冲动无常的贵族阶层面前感到社会阶层的卑微感——他们的时代已经过去了。重要的是，资产阶级的道德思考并非毫无价值（经济学家会出于本能地开玩笑说：毕竟这种说法很有市场）。大多对此嗤之以鼻的人都受益于这种道德思考。从社会角度看，经济人并没什么不好。

即使严格从个人视角来看（不过不是从阿喀琉斯或者耶稣这

类人的视角），商人的美德也不是道德的荒野。乔治·李洛（George Lillo）在资产阶级掌权前夜（1731）的悲惨剧作中，描写了他理想中伦敦商人[也即梭罗古（Thorowgood）[1]那样]的样子，断言"就如商人之名绝对不会降低绅士的身份，它也绝不会将绅士排斥在外"[1952（1731），p.294]。李洛有点言过其实了。在同一场中，梭罗古在下场时让他的助手"仔细审查文档，看看有没有什么商人的账单没有付讫"。人们可以从贵族的高度对资产阶级道德中的口不对心表示赞许。但毕竟，严肃地说，给自己的裁缝付钱难道不是什么道德问题吗？什么样的人才会一面接受商人的货物，一面拒绝付出呢？这种人一定不是商人。

商人社会的诚实程度实际上超过了由严格自利的卑鄙恶人组成的社会，我们可以从小小的中西部城市那种十分险恶的重商社会模型中看到。对一个业务范围局限于一个5万人口的城市的房屋修理工来说，童叟无欺的好名声是必需的。修坏一个屋顶，他的生意就完了。在鸡尾酒会上，爱荷华大学的教授拒绝提起那个房屋修理工的名字，这个修理工第一次把屋顶修坏了（他免费返工了一次，这是他自己决定的），因为如果人们听说了他的名字，那他在城里的生意就毁了。这位教授的做法本身说明，来自自私

1　梭罗古，乔治·李洛的剧作《伦敦商人》中的角色。这位诚实的生意人主张"我们职业的尊严"。

的道德习惯可以硬化为道德信念，就像一个侍奉主人的小孩从害怕受罚的环境中长大一样。一个卑鄙恶人则会讲出修理工的名字，从而让这个故事进一步发展。毕竟，教授在他自己事业中的名声并不受什么影响。

那些享受讲述有关贪婪故事的经济学家其实是在宣扬贪婪，不管他说的是"是"还是"应该"。当然从现代经济学发端开始，经济学家就已经鼓动我们去看待贪婪好的一面。重申一遍：金钱万能的道德并不是道德中最坏的那种。约翰逊博士（Dr. Johnson）说，"比起获得金钱作为回报，没有什么是更纯洁的受雇佣形式了。""我们对此考虑得越多，[斯特拉恩（Strahan）说]这种形式就显得越好。"[Boswell，1949（1791），p.532；3月27日，1775]所以似乎在1775年后，这已经成了一个旷日持久的讨论。自18世纪以来，经济学家们就认为，对贪婪成性的古老而贵族式的厌恶在道德上来说是很幼稚的。之所以幼稚，是因为这种厌恶没能认识到，贪婪只有在市场经济中通过满足最终消费者，才能得以繁荣。

唐纳德·特朗普（Donald Trump）让人不爽。但在所有由他挑起的对他的嫉妒批评中，他并不是一个小偷。他并不是靠贵族式的对牛群的劫掠获得亿万财富，并最终得到游吟诗人献上的荣耀的。用他的话说，他靠的是达成交易。而所有这些交易都是自愿的。他并没有靠"点三八"左轮手枪或者重剑胁迫别人跟他签约。

他低价买下科莫多酒店然后转手高价卖出，原因是宾州中央铁路公司、凯悦酒店和纽约市评议委员会以及他们背后的选民和酒店客人给老地块一个很低的估值，而给新地方估值很高。特朗普因为想到可以把一个低价的酒店用于更高价值的用途，从而赚到了相当可观的利润。一个无所不知的中央计划者本可以通过命令让同样的情况发生。我们可以视市场资本主义为所有体制中最无私的一个，每一个资本家为了得到回报，都努力工作米帮助别人。特朗普通过做好事发了财。

然而在经济学理论和实践中还存在一个道德问题。这个问题比对计算自私或贪婪的厌恶还要深刻。布斯的解释让人信服，他说一个好作者就是一个好朋友，是那种"不仅让人直观感到愉悦而且有收获的朋友，还是对我自己有益，对自身有益的朋友……与这类最好的朋友花时间在一起可以视作一种值得践行的生活方式……我真正的朋友是一个（引用亚里士多德的话）'与我的关系就像他与自己的关系一样'的人"（1988，pp.146—147）。

各种经济学模型都在这样的友谊中得以保护，我们试着用尽量少的这种友谊来活下去。人们曾经把经济学描述为一种保护爱的科学。这个理念是说，爱是稀缺的，因此，我们的生活最好尽量不用爱，而是依靠充足的自私来组织日常事务。这种说法的核心就是经济学的。正如亚当·斯密那句著名的话说的，"我们每天所需要的食物和饮料，不是出自屠户、酿酒家和面包师的恩惠，而是出于他们自利的打算"[1976（1776），p.16]。

斯密并没有小瞧爱——恰恰相反，他认为自己写得最好的书是《道德情操论》。然而，他从没有理清他的爱理论和自私理论之间的关联。问题在于保护爱，把爱当成极为稀缺的东西，而不是期待爱，这可能是促进爱发展的一个糟糕的做法。这是当代社会民主主义反对市场资本主义的立场——市场资本主义不鼓励爱情（社会民主党说，大量的政府官僚机构促进了爱情）。

小说家在思考爱情和自私上做得更好。人们很早就意识到，最先让商业自私变得臭名昭著的是小说家而不是经济学家。最早对资产阶级进行描述的人，主要是小说家、诗人和剧作家，而非社会理论家。人们只是把斯密的《国富论》当成一个"有关自私的理论"。这就是现代经济学家给这本书的评价，把孩子的罪过怪到父亲身上。事实上，这本书本身并不是很支持这种解读。斯密在描述理性自私这个主题时，都会提到阻碍它实现的情感和道德障碍。比如，没有关税的对外贸易受到了比"守卫"（police）更多的推崇（也即政策、自身利益考虑，和高收入的实现）。最为基础的是，自由贸易与自然权利是相一致的。

值得注意的是，经济人（homo economicus）的理念很晚才进入经济学，一直要到 19 世纪末，通过一种与物理分子相关的类比形式。然而它很早就进入英语小说，在约 1720 年的笛福小说中十分抢眼，在 1800 年左右奥斯汀有关计算的喜剧中更加出名，或者在 1840 年左右狄更斯有关贪得无厌的讽刺作品中出现。

经济人是一个面对选择的人，是面对人们所知的贸易中"机会成本"有关选项的人。现代经济学的核心问题，也即机会成本概念，直到 19 世纪 70 年代奥地利经济学派出现，经济学家们才弄清楚。然而，这个概念对诗人而言一直很稀松平常，黄色的树林里分出两条路，而我这个旅人，只能选择其中的一条。没有选择的那条路就是机会成本。阿喀琉斯没有选择战斗而是选择在帐篷里生闷气，或者撒旦没有选择在天国服务而是去统治地狱，这些同样是机会成本。

让我们看看鲁滨孙·克鲁索在他的第一次筏子之旅中装上沉船废墟中找到的东西的选择：

> 呆坐空想着获得不存在的东西是没有用的。这么一想，使我萌发了自己动手的念头……这工作异常吃力辛苦，但我因急于想把必需的物品运上岸，也就干下来了。要在平时，我是无论如何不可能完成如此艰巨的工程的。木排做得相当牢固，也能吃得住相当的重量。接着我就考虑该装些什么东西上去，还要防止东西给海浪打湿。不久我便想出了办法。我先把船上所

能找到的木板都铺在木排上，然后考虑了一下眼下所需要的东西，因为还有其他更吸引我注意力的东西。……我打开三只船员用的箱子……第一只箱子里我主要装食品：粮食、面包、米、三块荷兰酪干……这倒使我不得不找些衣服穿了……因为我认为有些东西更重要，尤其是木工工具。我找了半天，总算找到了那只木匠箱子。此时工具对我来说是最重要的，即使是整船的金子也没有这箱木匠工具值钱……我接下来关心的是枪支和弹药。[1975（1719），pp.41—42]

这是一个在"稀缺"的条件下不得不做出选择的具有商业精神的人（稀缺是另一个在经济学中很晚才出现的概念，小说家很早就在他们的故事中展示了稀缺的影响）。木排的尺寸并非无限大；天气可能随时会发生变化并让沉船沉到海底；而这有可能是克鲁索仅有的一次航行机会。他不能什么都带走，因而，他必须做出选择。他只带了"眼下所需要"的衣物，因为"还有其他更吸引我注意力的东西"。也就是说，他选择少拿一点衣物，多拿一点木工工具。在这种情况下，二者无法兼得。他面对的一条有很多衣物的路或者另一条有很多工具的路，而且不得不二选一。他后来"决定把所有其他事情（机会成本）区别来看，直到我从船上得到所有我能得到的东西"（p.44）。

　　每当克鲁索或者任何经济人面对选择的时候，他都会在脑子里画一个资产负债表——克鲁索在刚刚引用的那段话中说召开"一个会议，也就是说，在我的思想中，我是不是应该把筏子带回来"，但他更经常用的是商业隐喻，尤其是用到统计隐喻（pp.53—54）。这是继续下去的一个理性方式——理解"理性的"（rational）这个词仅仅意味着，你能够恰当判断哪些是你能做的和哪些是你想做的。所以，一个理性的人是一个计算者，就像克鲁索这样，要做艰难和及时的选择，决定把哪些东西放到小船上。在第二次暴风雨将沉船毁了之后，"我……用这样的沉思安慰了自己。我没有浪费时间，也没有偷懒，把沉船上所有对我有用的东西都拿出来"（p.47）。

　　这部小说贯穿始终的风格细节使稀缺的力量得到加强——与《奥德赛》（Odyssey）和《伊尼特》（Aeneid）等书中沉船的故事形成鲜明的对比，那些故事中摇摆不定的神明通过意志施展魔法，带来富足。而克鲁索世界中的魔法是自然主义的，永远反映的是亚当的诅咒（Adam's Curse），某种形式上我们开始称其为"现实主义的"。笛福的故事充满了现实主义的失望，往往通过一种带有不祥预兆的"但是"（but）一词表现出来。沉船上"有一些大麦和小麦"，"但让我大失所望的是，我后来发现老鼠已经要么把它们吃了，要么把它们糟蹋了"（p.41）。沉船有"一大卷铅板：

但是最终还是太重了，我没办法把它搬过船帮"。（p.45）他找到
一只母羊下的小羊仔，并且"希望能把它养大驯化，但是它就是
不吃东西，所以我不得不宰了吃掉"（p.50）。他费了很多力气想
养一些野鸽，"但是等它们稍微长大一点，就都飞走了"（p.62）。"五
月四日，我去钓鱼了，但是没能钓到一条我敢吃的鱼。"（p.68）"我
想找找有没有木薯，……但是我没能找到。"（p.79）他花了三天
时间把葡萄搬到他的洞里，"但是，在我到那之前，葡萄都已经
坏掉了"（p.80）。这个"但是"是很现实主义的，很不带感情的，
充分体现了生活中的"稀缺"。这是经济学家最喜欢的连接词。

　　克鲁索在物品（goods）间做着选择，一个平凡的选择，并不
是在善恶（good and evil）之间做选择。荒诞的并不是做选择，就
像布里丹的毛驴，它最后饿死是因为没办法在两堆一样美味的干
草中做选择。[1]经济人可能是也可能不是我们的好伙伴，但文学艺
术家，而不是世俗的哲学家，有责任让我们认识经济人。

　　如果经济学家讲故事，并在讲故事的时候进行一种道德实
践，那么他们最好有很多故事，越多越好。这是一个对多元主义

1　布里丹之驴是一个以 14 世纪法国哲学家布里丹名字命名的悖论。这个悖论是说，如果一
只完全理性的驴刚好处于两堆等量等质的干草的中间，它将会饿死，因为它不能对究竟该吃哪
一堆干草做出任何理性的决定。

（pluralism）合理性的辩护，这种说法鼓励人们不要把所有鸡蛋放在一个叙述篮子里。如果你习惯用柏拉图的方式思考，认为知识主要包含像数字 2 的平方根那样的无理数，现在而且永远可证，那么一元主义（monism）就很吸引人。世界上只有一个真理，不是吗？相比之下，如果你习惯用亚里士多德的方式思考，认为知识主要包含像民主的优越性那类判断的话，即使是善意的人们讨论很久之后得到的共识，这些知识还是不确定的，那么我们在故事中讲的一元主义就显得很愚蠢，事实上，它确实很愚蠢。

"有力的叙述，"布斯写道，"为我们提供了对其他有力叙述最好的批评。"（1988，p.237）或许正是如此。有力的隐喻也能做到这样。但毫无疑问，修辞四个门类的相互批评是很有必要的。它在经济学上的应用十分直接。经济学叙述的多种多样有益于人的心灵。马克思主义的叙述提供了对资产阶级"新古典"叙述的批判，反之亦然。"当人们沉入一种一成不变的叙述热水澡中时，叙述造成的严重道德灾难就会发生。"（p.237）教条的新古典主义者、教条的奥地利学派经济学家、教条的制度经济学家，他们把其他学派的一些作品放到禁书的目录里，他们在道德上是危险的，全部都是。他们都是真正的信徒，或者更确切地说，他们都是真理的信徒。其中最好的信徒缺乏充分的信心，而最坏的信徒则充满了激情的狂热。

那么，布斯倡导的故事多元主义能给经济学启发。艾伯特·琼森（Albert Jonsen）和斯蒂芬·图尔明（Stephen Toulmin）最近写到了"有原则的教条主义"的失败，它是一个只有一个故事的世界，作为一种通往道德的方式——"没有平等的守法主义，和没有宽容的道德主义"。（1988，p.342）经济学促进了这类教条主义，试图将道德问题减少到一个公理体系的程度。琼森和图尔明认为，经济学家的故事最好使用决疑法（casuistically）。个案研究法（case-by-case method）与现代主义相违背，而且在帕斯卡的《给乡下人的信》（*Provincial Letters of 1656—1657*）中受到了现代主义角度的攻击。（Jonsen 和 Toulmin，1988，第 12 章）这种方法并不寻求社会工程师所用的普遍原则。它寻求的是道德对话，我们从中得以发现应用范围不那么普遍的原则。

最好的经济学家就是这样做的。例如，罗纳德·科斯就是如此，他是在英国接受教育的经济学家，而且很长时间都在芝加哥大学法学院工作。他对经济学采取的方法就是决疑的（casuistic），找到手边最适合当时情况的故事、隐喻、事实和逻辑，并且避免过度痴迷其中一种。他最著名的文章《社会成本问题》就完全是决疑的。也因此，现代主义经济学家误解了这篇论文，认为其中有他们社会工程学能够使用的"定理"。诚然，这个定理起于亚当·斯密，比科斯早许多年（也即，没有限制的交易运行得很好；而科斯的观点正好相反，认为在一个有限制的世界中，我们需要对这些特定的限制逐一检视，来决定诸如空气污染和产权这样的问题）。这种坚持案例与原理同样重要的道德故事讲述方式，对大多数现代经济学而言是陌生的。

不过，把虚构故事的某种道德用在经济学上能够让人们在相反的方向上得到启发。文学学者可以从经济学家那里学到一些道德知识，而不仅仅是已经简要说明过的道德观点——也即资产阶级价值观有其价值，而且我们必须成熟点，我们要面对稀缺，毕竟稀缺的存在是一个事实。文人可以向经济学——任何一种经济学，甚至可以是任何一种社会科学——学习的另一个道德上的教训是：行动是社会性的。布斯认为道德问题是一对一的问题。听过亚当·斯密、大卫·李嘉图、维克塞尔（Knut Wicksell）、凯恩斯或者保罗·萨缪尔森讲故事的经济学家，没办法把道德问题缩小到我和你这个层面。经济学家对"我们"太过欣赏了。一本在经济学上影响巨大的书——从《阿特拉斯耸耸肩》（Atlas Shrugged）到《通论》——可以对每个个体读者产生完全是意图之外的影响（布斯强调说），而且也以完全意图之外的形式对读者之外的人们（他没有强调这一点）产生影响。比如，《阿特拉斯耸耸肩》不经意地支撑了一个乡村俱乐部共和主义，远远超出了小说的罗曼史。《通论》可以帮助我们创造一种民主干预主义的气氛，在这种环境下，待遇丰厚的官僚为永远处于福利接受者地位的底层阶级提供服务。

换句话说，经济学家寻找的是超越作者和读者二人关系之外的道德影响。一本书可以明显对个人产生好的道德影响，鼓励他们储蓄（用凯恩斯例子的标准来说），而储蓄可能对社会产生更大范围的坏影响。我们将对利润的追求视为个人道德的沦丧——至少相对于圣保罗完美（Pauline perfection）而言——然而从社会层面来看，它能得到好的结果。

1890 年，马歇尔在其《经济学原理》的首页给出了经济学的经典定义——"对人类生活日常事务的研究"（a study of mankind in the ordinary business of life）。对此，文学批评家诺思罗普·弗赖伊会说："想象在日常生活中的基本工作是……从我们所处的社会之中，产生一种对我们想要生活在其中的社会的幻想。"（1964，p.140）经济学家不自觉地进行道德宣扬，但在讲述道德故事时限制他们的想象力。

经济学家似乎已经准备好回到某种道德思考中去。很多经济学家已经意识到功利主义的帽子里并没有小白兔。经济学需要在细节上进行道德思考，而道德思考需要故事，也即随着时间所进行的想象。一个真正的经济人（homo economicus）认识到他是一个叙述人（homo narrans），一个讲故事的人和一个角色的承载者，

220 ·

并因而成为，正如布斯所指出的，一个判断人（*homo iudicans*）。
当他明白了这一点，他就会成为更好的同行者。

第十一章

公共福利和经济学故事

世俗哲学家用他们的故事和隐喻改变世界。经济学文学（econo-literary）批评家有工作要做，他们要证明修辞对政策而言是重要的，以及把政策的好故事和坏故事区分开来。

经济学中的故事数不胜数。对这样一门精妙的科学而言，激发其中有些故事的道德愤慨是令人意外的。自经济学发端之时起，它就把第二大愤慨留给了垄断者（它最大的愤慨给了无能的政府）。比如，当大多数经济学家想到美国医生的时候，他们想到的是垄断。表面看来，这个类比不太有说服力。毕竟，美国有成千上万的医生，而不是只有一个，所以从实际情况看，医学行业并没有构成单一卖方。医学谈及自身时并不是从商业角度出发，而是作为一个不存在利益的科学而充满献身精神的专业。而经济学家则不这么看，这很大程度上是因为他们所讲的故事（见 McCloskey, 1985b, p.345）。

曾经（确切地说，直到 20 世纪 30 年代），美国的医生赚的钱和律师或中层管理人员差不多。后来，从 1910 年左右开始直到二战结束，通过各州医药监察委员会和立法机关的腐败，医生们控制了医疗服务的供给，关闭医药学校，禁止外国医生移民来美国执业，而且也禁止护士、药师和其他医药从业者进入该行业。那个时候，药品所治愈的人刚刚好超过它杀死的人。结果就是美国医生的相对收入出现惊人的增长（与英国或意大利等医生没能成功阻碍行业进入的地方的收入水平不相协调），他们现在赚的钱是其他类似的专业人士的三倍，从此过上了幸福的生活。经济学家认为，美国医药联合会的行会力量比伐木工和电工联合会更有效力，并且将自己隐藏在自我牺牲的神话和道德目的的外表之下。这个经济学故事导致人们对美国医生进行极其尖锐的道德评判。经济学家说，一个公交车司机手里握着的人命更多；律师工作的时间更长；教授所做的研究更多。但医生充分利用了税收庇护，使医疗服务超出了穷人的负担能力。

在过去二十年左右的时间里，经济学家讲了一个类似的关于管制的故事，就像医疗的故事一样，他们把它当福音书一样向他们的学生传教。（p.291）态度上的改变值得我们注意。经济学家们曾重新讲述了进步的故事，毫无讽刺地假设管制者有能力为了社区的利益而对抗政治。禁酒运动[1]、美国的城市管理者运动[2]和对垄断的管制（尤其是对垄断的管制）等都是美国经济学家在 19世纪头两个十年里最钟爱的话题。进步纲领当然是由罗斯福新政[3]和 20 世纪 60 年代伟大社会项目[4]开启的。但从进步时期开始，经济学家就已经修改了他们的故事。

　　在新故事中，比如，跨州商业委员会（Interstate Commerce Commission）据说在 1887 年成立后短期内被本应该由其管制的铁路公司控制（后来由大的货运公司控制）。这个进步故事的主角，一个无私保护小人物不受大公司伤害的管制者，二十年间在经济学院的教室里引起了越来越多的嘲笑。经济学家鄙视地问："你真的指望美国联合长途搬运公司（United Van Lines）闲坐一边，坐视跨州商业委员会掠夺它的利润吗？"一个又一个管制委员会

1　美国禁酒运动（Prohibition），是指从 1920 年至 1933 年期间在美国推行的全国性禁酒，禁止酿造、运输和销售含酒精饮料。

2　指的是美国进步时代（英语：Progressive Era）1890 年至 1920 年期间各大城市采取的科学管理运动。

3　罗斯福新政（The New Deal）是指 1933 年富兰克林·罗斯福就任美国总统后所实行的一系列经济政策，其核心是三個 R——救济（Relief）、复兴（Recovery）和改革（Reform），因此有时也被称为三 R 新政。

4　伟大社会(Great Society)，或大社会计划或大社会，是在 20 世纪 60 年代，由美国总统林登·约翰逊和其在国会的民主党同盟提出的一系列国内政策。1964 年，约翰逊发表演说，宣称："美国不仅有机会走向一个富裕和强大的社会，而且有机会走向一个伟大的社会。"由此所提出的施政目标，便是"伟大社会"。

224 ·

的道德权威被经济学家用新的故事线所颠覆。[比如最近的股票
和交易委员会（Securities and Exchanges Commission），Phillips 和
Zecher，1981]在管制领域上出现的结果，是理念的力量战胜既得
利益的一个典型案例。理念，而不是美元，征服了管制当局。实际上，
很多这类管制机构都被在像芝加哥大学或者加州大学洛杉矶分校
这样的学校受过教育的经济学家渗透了，而这些大学长期以来一
直讲着反管制的故事。经济学家的故事已经变成了法律。

举一个相关的例子。长期以来，垄断的故事在经济学中就被
讲述为一个有关"结构、行为和表现"（structure，conduct and
performance）[1]的故事。也就是说，人们把垄断视为雨水，有一些
必须落在每一个社会上。市场以一个卖方或者两个卖方或者多个
卖方的"结构"出现，没有来由而且十分自然。经济学家的工作
是为受害者（受这种糟糕的表现所影响的人）提供雨伞。直到 20
世纪 70 年代，除了芝加哥大学和其他少数几家大学以外的所有"产
业组织"课程（这个经济学领域研究的是垄断和竞争）讲述的是
这样一个故事：垄断就这么出现了，而经济学家就这么阻止了垄断。
自 20 世纪 70 年代以来，人们开始讲述一个更新更丰富的垄断故事，

1　SCP（structure-conduct-performance，结构 - 行为 - 表现）模型是由美国哈佛大学产业经济
学权威乔·贝恩（Joe S.Bain）、谢勒（Scherer）等人于 20 世纪 30 年代建立的。它的基本含义是：
市场结构决定企业在市场中的行为，而企业行为又决定市场运行在各个方面的经济表现。

讲垄断是如何成为垄断的，以及因此对于每一段不同的历史我们应该怎么处理。这些新理论是决疑的（casuistical），在不能跟不变的规则一样被应用的那些原则下，逐个案例地（case by case）进行思辨。举个例子，如果计算机行业众多潜在竞争者中出现了一个垄断者，那么对它进行管制可能并不好，因为仍然存在对新进入者进行惩罚的威胁。

类似的例子是贫民窟清除计划，这是开明国家长期以来的一个政策。相对于理想社区而言，贫民窟当然是不好的，就像相对于理想工业而言，垄断是不好的。因而，社会工程学家的直觉是清除贫民窟，打破垄断。但结果往往是穷人集中到比之前住的贫民窟更糟糕的住房项目中，而政治压力集中到管制委员会中，则比垄断本身更具有垄断强力。清除贫民窟的理由在沿着芝加哥丹·莱恩高速公路（Dan Ryan Expressway）的罗伯特·泰勒之家（Robert Taylor Homes）项目中得到了重申，毕竟，住房本身并不是产生贫民窟的原因。在垄断的管制中亦然：当垄断由于政治权力的实践而出现时（这往往正是实情），让政治主导产业是于事无补的。政治经济学在黄金法则中证明了自己，也就是那些有黄金的人，统治别人。

经济学故事对所有经济政策都是重要的。让我们考虑一下援助贫穷国家这个故事。其最基本情节是：曾经有些贫穷国家很穷，后来富裕国家帮助它们，现在这些穷国也变得富裕了。奥地利裔英国经济学家彼得·鲍尔（Peter Bauer）一直以来都在批评这个故事中的主要隐喻，一语成谶，他看到自己最惨淡的预测成了现实（1984）。几十年前，他担心经济学家的建议总体而言会伤害贫穷国家，而且会随着"南""北"之间有关平等的争论加剧而带来更大的伤害。很多后发国家遵循了这样的发展轨迹，但显然比先发国家要慢很多。

将自己视为无关道德的社会工程学的经济学，在给贫穷国家提供建议时表现很差。这并不令人感到意外。1950年左右的经济学放弃了社会哲学和社会历史，成为黑板经济学。而贫穷国家为他们在黑板上发现的东西充当了便利的实验室。西欧各国政府对万金油十分谨慎，但其他国家的政府和一些跨国政府组织则排着长队要买这万金油。

结果是知识分子使得自愿交易的价值降低了。毕竟，如果打破自愿交易就能带来国民财富的话，那么自愿交易有什么好的呢？而且，如果一个美妙的图表能够证明计划管用，那么为什么要对来自计划的财富进行历史和哲学的怀疑呢？总的来说，计划和政府项目是不管用的，就如东欧剧变、南亚停滞和非洲的漫漫长夜所表明的一样。战后计划经济实验是知识分子的一种背叛，它从他们的信仰中产生，是一种对他们预测和控制能力的非理性信仰。

"第三世界"这个隐喻本身诞生于（就如鲍尔已经注意到的）战后不久出现的外国援助和反共产主义运动。它提出了公平问题。第一世界国家拥有所有财富的富人公平吗？仅仅通过讨论公平和效率，经济学家给这个讨论引入了一种功利主义的道德，就像毫无争议似的。经济学家邀请他们的读者考虑一方与另一方之间的权衡取舍。经济学家对自己的数学知识感到自豪，说 $U=U$（效率，公平），其中效率是国民收入的规模，而公平则通过收入的分配来加以衡量。这并不是"错的"，它只是众多隐喻中的一个，其中有些在某些特定用途上比其他的更好用。比如，如果经济学家用这样的术语来表述公平，他们就不会问效率是如何实现的（比如，在足球场处决监狱里的犯人）或者是否公平也包含从无辜的人那里偷盗（通过处决那些低买高卖的人）。

发达国家（北）就应该为由于上帝的眷顾而得到比发展中国家（南）更多的财富而感到愧疚。鲍尔一直用"我们的"负罪感来为义务慈善（complusory charity）辩护。知识分子和上层中产阶级知识分子对"我的过失"（*mea culpa*）向"我们的过失"（*nostra culpa*）的转型感到志得意满，用一个词预先判断了"慈善是应该由个人还是社会总体承担"这个重要问题。

鲍尔也同样写到了"国家建设"（nation building，或国家建筑）这个相关隐喻的危险，这是一幢漂亮的新古典建筑，其中政

228

治犯在地下室中呐喊。建筑的说法把人当成了"没有生命的砖头，需要由建筑师搬来搬去"。（p.5）国家建设不仅仅是一个隐喻，不仅仅是一种修饰性的修辞，而是一种形诸文字的政治论据。"国家"要由政府去"建设"，的确，它是由现在负责建筑项目的一批将校军官和首领来建设的。

"发展"（development）这个词本身当然也是一个隐喻，在让我们思考的同时也限制了我们的思考。"经济增长"（economic growth）比"经济变革"（economic change）听起来更好，而"变革"比"丢掉现有的工作"（losing existing jobs）更好，但它们彼此是可以相互转换的，它们分别体现了不同的政策。经济学家并不能总是意识到词语的重要性。一个自觉的隐喻与一个不自觉的隐喻相比有不同的作用。经济学家和社会思想家曼瑟尔·奥尔森（Mancur Olson）用了单人船和八人船以及多桨帆船的比较，来阐释国民财富。（Olson，1987）他公开并自觉地使用了这种说法，因此，其影响仅仅是沟通交流上和修饰上的。一个明确的隐喻并不会咬人。

同样，"问题"（problem）这个词也能在一个人问这个问题之前就回答了一个经济学问题。比如，很多有名望的经济学家认为，从要求"我们"找到"一个答案"（a solution）的某事物的角度来看，收支平衡"问题"根本就不是一个问题。如果没人收集收支平衡数据的话，那么也就不会有人担心收支平衡问题了——不过对于经济学问题，比如贫穷或者通胀，我们就不能这么说了。然而，还是有很多人对这类问题感到担忧，并提出了非常方法。这类数据让英国政府在 20 世纪 50 年代和 60 年代早期采取了"停停走走"（stop-go）政策[1]，这带来了突然的繁荣和政府导致的经济不景气，从长期来看，它毁掉了英国经济。

　　19 世纪发明了对"社会问题""经济问题"以及类似的问题的讨论，这些问题最终都会被伦敦或者华盛顿的伟大几何学家（Great Geometer）用圆规和直尺来解答。经济历史学家马克斯·哈韦尔（Max Harwell）经常说起英国议会质询的修辞，在 19 世纪，它们在人们没有看到问题的地方定义问题。当然，这总是在有参照的情况下做到的；这种或那种值得矫正的情况确实存在。但有时候是用词语造成的。那些说服你把收入不平等当成问题来讨论的人，已经完成了他们任务中最困难的部分。

　　从运动中拿出来的一系列隐喻对于解决问题尤为重要。运动隐喻自身呈现时是无害的修饰，而且在美国人中尤其流行。美国人好心好意，他们认为在冲突中没有人会真正受伤（欧洲人则在类似情况下使用有关战争和征服的隐喻）。理想的是团队比赛，大家一起努力在跟外国人的比赛中得分，或者用一种更柔和的方

1　指 20 世纪 60 年代英国短期经济政策中，采取明显效果相反的政策来进行经济管理。

式"实现个人目标"。我们在听到"我们"应该这样做或者那样做的时候，我们已经得到了信号：要注意行动中的团队隐喻。

沿着这个思路，人类弱点可以实现的是名为《零和方案：创造一个世界级的美国经济》（*Zero-Sum Solution：Building a World-Class American Economy*）（1985）的书，作者莱斯特·瑟罗（Lester Thurow）是经济学家和麻省理工学院商学院的院长。这是一本充满智慧的书，我们可以从中学到很多。书中介绍了经济学家们彼此同意或者不同意多少取决于他们对定量化思维的共同投入，也即一系列账户的隐喻。

麻烦在于这本书在协助故事讲述中所用的各种隐喻。这本书通篇将收入和财富视为从非美国人（尤其是从日本人或者其他亚洲人）身上提取出来的一样，就像美式足球码数一样。"要进行竞争性比赛并不是要成为赢家——所有竞争性比赛都有失败者，而只是要得到一个机会去赢……自由市场比赛可以输也可以赢，而美国在世界市场中正在输掉这些比赛。"（p.59）其中一章的标题是"建设一支有效率的团队"。瑟罗重复提到美国用"世界级的经济"和世界其他国家"竞争"或者"打败"它们。其中有一处，他抱怨说更多的人没有使用他最钟爱的隐喻，他称其为"现实"：

"对一个热爱团队运动的社会而言……美国人不能意识到在更重要的国际经济竞赛中同样的现实，这令人惊讶。"（p.107）

带着更激烈的情绪，瑟罗用其橄榄球头盔换了一件防弹背心："美国公司不时会在国内被打败，而且不会得到国外胜利作为补偿。"（p.105）人们将对外贸易等同于战争。毫不意外，在19世纪晚期，英国记者几乎不约而同地用十分好战的词汇谈论美国"威胁"（threat）和德国"胁迫"（menace）。一定程度上，考虑到偶发事件的可能性，在商业隐喻意义上的战场上，竞争第一名的位置最终将我们引向了真正意义上的索姆河和凡尔登战场。

有三个隐喻主宰了瑟罗的故事：一个是"国际零和博弈"的隐喻；一个是博弈中有碍表现的国内"问题"的隐喻；还有一个是面对问题的"我们"的隐喻。我们有一个国内的生产率问题，它导致我们在国际竞赛（game, 或博弈）中遭受损失（loss）。很长时间以来，瑟罗都用这些相关联的隐喻来解释世界（他也用这些隐喻写了一些其他的书，跟很多记者一样。但瑟罗只靠这种修辞而成为一个优秀的经济学家，则是唯一不寻常的）。美国要做的是"在世界市场中竞争"（p.48），而不是使自身充满智慧和竞争力；对日本经济表现"重要"（counts）的是其出口产业（p.49），而不是效率极低的农业和零售业。

然而，这里的主题是商品和服务交易，日本的汽车换美国的木材，德国的钢管换苏联的天然气。比赛隐喻（game metaphor）似乎还不够。如果交易是一种竞赛，那么与它类似的是一种所有人都会赢的竞赛，就像有氧健身操那样。从这个角度看，贸易不是一个零和博弈。而是一个正和博弈。贸易会带来社会的、总体的和相互的好处。经济学家怎么知道的？因为贸易是自愿进行的。这是亚当·斯密的隐喻。

确切地讲，从工厂车间看来，与日本（或与马萨诸塞州又或者与山那边的小镇）的贸易确实是零和的，这让瑟罗的隐喻蒙上了一种常识的意味。对一个在生产汽车上与日本进行"抗争"的商人而言，他的损失确实是丰田公司的收益。（瑟罗并不带着同样的警惕看待加利福尼亚州对马萨诸塞州的竞争。但当你思考这个问题的时候，就会发现它很奇怪。如果这里的主题是保住马萨诸塞州的工作，那么加利福尼亚州或者田纳西州的装配厂也是主要竞争对象，用非经济学家的说法来说，他们就是主要的吸收工作岗位的公司。为什么要和外国人过不去呢？）

打比赛的隐喻只看到了贸易的一面，即销售这一面。这正如亚当·斯密著名的说法，"消费是一切生产的唯一目的；而生产者利益，只在能促进消费者利益时，才应当加以注意"[1976（1776），p.179]。经济学家们声称自己能够看透经济本身。他们声称能够从社会视角把账算清楚。在这表象之下（重申一遍，这是经济学家最喜欢的隐喻）爱荷华州的 Jim Beam 和东京的 Tatsuro Saki 进行着交易。一辆卖到美国的丰田汽车能够支付日本购买的 2000 吨大豆。主流

经济学家所用的相互交易的隐喻与反经济的经济学家所用的大为
不同，比如德国德意志关税同盟理论家弗里德里希·李斯特，或
者美国 19 世纪贸易保护主义理论家亨利·凯里（Henry Carey），
或者莱斯特·瑟罗。

　　"我们将在低生产率增长上找到美国竞争力问题的核心……
（对美国抱有良好祝愿的人）将不得不鼓吹某种形式的产业政策
来解决竞争力问题"（pp.100—101）。问题都有解决方案，它们
是"政策"，是"我们必须采取"的。不难想到解决问题的人会是谁：
我是政府派来的，我来这解决你的问题。经济学家和计划者对这
些想法的信心很难靠经验来验证。经济学家真的对模仿日本人把
研发计划交给 MITI（通产省）这类组织有足够的了解吗？瑟罗不
断说起"社会组织"。他说，我们可以通过有意地进行计划来做
得更好，而且我们当然知道由哪一帮专家来做这样的计划。

　　瑟罗的隐喻所具有的吸引力来自它所适合的故事。这个故事
是我们强加到英国维多利亚时代晚期的故事：在霸权的黄昏，在
其他国家你追我赶的时候，英国志得意满地沉浸在帝国幻想中。
美国知识分子担心同样的情况也将要发生在他们身上。我们也可
以做同样的回答：美国收入必将持续增长下去，不管美国是否能
够持续获得收入增长的领先地位。（不管怎么说，在美国大部分
历史时期中，美国的增长已经比其他大多数国家的增长速度要慢

一些，像英国一样，美国一开始就很富裕。）

而且，为什么有人要幻想美国在世界上的霸权永远持续下去呢？难道是上帝的计划，让美国永远处在顶级国家之中？为什么我们要希望我们的中国或者拉美朋友们永远处于相对贫穷之中呢？难道经济道德就教我们这些？跟富裕国家与贫穷国家间的贸易相比，富裕国家之间的贸易对富裕国家更有利可图，这是经济史的发现。（McCloskey，1981，第九章）不管怎样，我们会这样想，政策的合适听众会是一个世界公民，而不仅仅是个美国公民。如果我相对富裕的弗吉尼亚邻居决定不去读几本好点的书，这和我又有什么关系呢？难道我不该对孟加拉国人民那令人震惊的贫穷给予更多的关注吗？

无论如何，问题的答案都不能说是显而易见的。我们必须严肃对待各个群体的诉求。然而，人们却往往不去怀疑用在政策上的严格的民族主义修辞所具有的恰当性。什么才是道德上相关的群体（community）？数年前，在普林斯顿大学高等研究院，政治学家约瑟夫·卡伦斯（Joseph Carens）在一次午餐会上报告了他对美国移民政策的研究。听众指望他这样说，关于非法移民我们有一个麻烦（We Have a Problem）——也就是，如何在不采取过分明显的野蛮手段的情况下防止非法移民现象——因为这是大城市的知识分子的底线，他们从小接受的教育令他们相信工会和进步性

是一回事。相反，卡伦斯认为来到美国的墨西哥人为了改善自己
的境遇，即使伤害了一些持有美国护照的工人，也与出生在格兰
德河[1]北部的人们一样，拥有得到我们的道德关怀的平等诉求。对
普林斯顿大学的听众而言，这是一个让人震惊的说法，也即平均
主义道德（egalitarian ethic）应该扩展到国境线另一边同样贫穷的
人身上。那些知识分子权力集中的自由主义殿堂里的震惊是显而
易见的。人们为有些人在道德上反对民族主义感到难堪。很明显，
有关移民的故事和隐喻很大程度上并没有受到审视，它们所讲的
是，好的工会组织受到了外国工贼的暗中破坏。

　　对与外国竞争的美国问题的讨论包含了一种苦涩的民族主义。
这些带有民族主义意味，充斥比赛术语（以及战争贩子意味）的故
事几乎适合任何种类的经济学。民族主义跟社会主义相联系之后，
变成了国家社会主义，更好地保护父辈的国家，或者变成一个国
家中的社会主义，更好地保护祖国。如果民族主义与自由放任联
系在一起，就变成了帝国主义，更好地保护联合水果公司（United
Fruit）。正如斯密在 1776 年所写的，"一个大帝国建立的唯一目的，
是为了造就一个消费者大国，使他们只能购买本国各生产者所供
给的各种物品。"（Bk，IV，viii；Cannan，2：p.180）这些都不

1　格兰德河（Rio Grande），北美洲第五长河，美国与墨西哥界河。

是莱斯特·瑟罗和反移民主义者以及其他鼓吹贸易保护主义或者产业计划的人们的本意。这让我们更有理由冷静地审视他们的隐喻和故事。

美国新近历史中的生产率问题也并非空穴来风。举例来说，考虑到他们的收入，美国人所受教育之糟糕是令人震惊的（顺便说一句，对此，我们这些当教授的也需要负一些责任）。或许这种难堪在所难免，这是社会进行没有贵族制的伟大实验的一个后果吧。托克维尔就持这种观点，而他往往是对的。但无论如何，生产率跟国际竞争力以及收支平衡并没有什么关系。正如你当地的经济学家很乐意澄清的，贸易模式依赖的是比较优势，而非绝对优势。迈克尔·乔丹可以用篮球做任何事，这本身并不表示应该让他的队友都坐到场下观战。有些国家——比如，人们在寓言中用到的过去的美国，"统治着"世界的制造业——可以在农业和制造业上都比别的国家发达，但这并不能表明我们应该采取让这个国家做所有事或者完全不进口任何东西的政策。生产率的总体水平对美国的贸易差额并没有什么影响。一点都没有。而贸易差额并不是卓越表现的衡量标准。一点也不。它们彼此之间完全没有关系。通过禁止进口，我们完全不需要追求卓越，明天就能实现巨大的而且是正的贸易顺差。美国人想要与 Tatsuro 交易，而这种交易让他们彼此都过得更好。这就是故事的全部。

　　这里的观念并不是"竞争"，不管在极端集体政策中这意味着什么，而是变得有技术、勤奋并因而富裕。为什么外国贸易对此意义尤其重大，答案是很含糊的，尽管对外国人进行抨击是很普遍的话题。实际上，美国经济从一开始就在很大程度上是自给自足的，这并不令人意外，因为美国地域覆盖了大半个美洲大陆。因为"自己洗衣服的行为"，也即与自己交易的行为并不产生财富，莱斯特·瑟罗因而对其嗤之以鼻。但这正是美国人一直主要在做的事，而且结果还不赖，非常感谢你。再说一遍，那些"丢掉的工作"主要是丢给了国内竞争。

　　就像我们输掉对贫困的战争，还有很快即将输掉的对毒品的战争，以及其他试图诱使"我们"面对"我们的"问题的尝试一样，在体育运动上的国家主义挑战和介入，以及与外国人的更加火爆的竞赛，也是万金油。如果这让美国人吓得赶紧在桥梁建设和教育中投入更多的话，或许还能有点好处。但危险在于，它使用无效或未经审视的故事和隐喻来让我们寝食难安。经济学中一个更有用的隐喻是这样的：为了实现幸福和繁荣，我们不需要成为第一名；为了自尊，我们也不需要毁掉日本人。

　　所以，经济学故事的道德和政策又回到了万金油上。埃里克·霍弗（Eric Hoffer）是旧金山的装卸工，也是一个很有智慧的人。他在自己的最后几本书中这样断言："人类事务中自封为专家的那些人的危害，往往是一种先验逻辑的产物……事件的逻辑可能会从人类行动的后果中得到，而这些后果是先验逻辑无法预见到的。"（1979，p.26，28）霍弗脑子中的区别并不是严格意义上的逻辑和严格意义上的事件之间的区别。他并不是符号逻辑学家或者控制实验中的实验者。他说的是隐喻和故事之间的分别。先验逻辑是外推的隐喻，就像第三世界或美国的经济竞赛那样。我们需要专家做的，就是少装作全知全能，多一点真正的智慧，也就是告诉我们一种能够检验隐喻的故事和建立检验故事的隐喻的智慧。

把人类对话的一些碎片重新统一起来，最好是用扎实的案例去尝试。经济学就是一个扎实的案例，包裹在其自负的社会物理学的自我形象中。经济学的邻居讨厌它的傲慢，就像物理学的邻居讨厌物理学那样。如果我们能够展示经济学也是虚构的（fictional），诗性的（poetical），而且是历史性的（historical），那么经济学的故事就会变得更好。经济学专家就不会再吓唬邻居，也不会再兜售万金油。从技术层面上讲，经济学家的故事会变成，正如它们应该变成的，一个有用的喜剧——由巧妙的词汇组成，对人类的愚蠢进行嘲讽同时宽容，充满在第三幕中最终陷入冲突的各种角色，而且，对于这个类型而言最显著的一个特点是，一个处于均衡中的宇宙和一个大团圆的结局。

　　"听着，赫比（Herbie），"我说，"我不怀疑你的信息，因为我知道如果信息不确切你是不会说的。但是，我从不能忍受什么小道消息，但就跟你打五十美元的赌来说，即使别人确保我能赢，我也是不会押上五十美元的。所以不管怎么说，我都很感谢你，赫比，但我肯定不会用你的小道消息。"说完我就走开了。

　　"听我说，"赫比说，"等等。有个故事是这么说的。"

　　好吧，当然这是另一码事了。

——达蒙·鲁尼恩，《有个故事是这么说的》（A Story Goes with It），*A Teasure of Damon Runyon*（NY: Modern Library, 1958），p.152.

参考文献

Abrams, M. H. 1981. *A Glossary of Literary Terms.* 4th ed. NY: Holt, Rinehart and Winston.

Adams, Henry. 1931 [1906]. *The Education of Henry Adams.* NY: Modern Library.

Allen, Robert C. 1979. International Competition in Iron and Steel, 1850–1913. *Journal of Economic History* 39 (December): 911–37.

Austen, Jane. 1965. [1818]. *Persuasion.* NY: Houghton Mifflin.

Austin, J. L. 1975 [1962]. *How to Do Things with Words.* Cambridge, Mass.: Harvard University Press.

Bauer, Peter. 1984. *Reality and Rhetoric: Studies in the Economics of Development.* Cambridge, Mass.: Harvard University Press.

Bazerman, Charles. 1987. Codifying the Social Scientific Style: The APA *Publication Manual* as Behaviorist Rhetoric. In *The Rhetoric of the Human Sciences,* 125–44. *See* Nelson, Megill, and McCloskey, eds., 1987.

———. 1988. *Shaping Written Knowledge: The Genre and the Activity of the Experimental Article in Science.* Madison: University of Wisconsin Press, in the series The Rhetoric of the Human Sciences.

Bely, Andrey. 1985 [1909]. The Magic of Words. In *Selected Essays of Andrey Bely,* 93–104. Translated by S. Cassedy. Berkeley and Los Angeles: University of California Press.

Billig, Michael. 1989. Psychology, Rhetoric, and Cognition. *History of the Human Sciences* 2 (October): 289–307.

Bishop, Errett. 1985. *Constructive Analysis.* Berlin and NY: Springer-Verlag.

Black, Max. 1962. *Models and Metaphors.* Ithaca: Cornell University Press.

Bloom, Allan. 1970. An Interpretation of Plato's *Ion. Interpretation* 1 (Summer): 43–62. Reprinted in Thomas Pangle, ed., *Roots of Political*

242 ·

Philosophy: Ten Forgotten Socratic Dialogues, 371–95. Ithaca: Cornell University Press, 1987.

Bloom, Harold. 1976. *Wallace Stevens: The Poems of Our Climate.* Ithaca: Cornell University Press.

Booth, Wayne C. 1974. *Modern Dogma and the Rhetoric of Assent.* Chicago: University of Chicago Press.

———. 1988. *The Company We Keep: An Ethics of Fiction.* Berkeley and Los Angeles: University of California Press.

Boswell, James. 1949 [1791]. *The Life of Samuel Johnson, LL. D.* Everyman's Library, in two vols. Vol. 1. London: Dent.

Boynton, G. R. 1987. Telling a Good Story: Models of Argument, Models of Understanding in the Senate Agriculture Committee. In Joseph W. Wenzel, ed., *Argument and Critical Practices,* 429–38. Annandale, VA: Speech Communication Association.

Bridbury, A. R. 1975. *Economic Growth: England in the Later Middle Ages.* Brighton: Harvester.

Brier, Bob. 1980. *Ancient Egyptian Magic.* NY: Morrow.

Brooks, Peter. 1985. *Reading for the Plot: Design and Intention in Narrative.* NY: Vintage.

Bruner, Jerome. 1986. *Actual Minds, Possible Worlds.* Cambridge, Mass.: Harvard University Press.

Bruns, Gerald L. 1984. The Problem of Figuration in Antiquity. In G. Shapiro and A. Sica, eds., *Hermeneutics: Questions and Prospects,* 147–64. Amherst: University of Massachusetts Press.

Burk, James. 1988. *Values in the Marketplace: The American Stock Market under Federal Security Law.* Berlin and NY: W. de Gruyter.

Burnham, T. H., and G. O. Hoskins. 1943. *Iron and Steel in Britain, 1870–1930.* London: Allen and Unwin.

Campbell, John Angus. 1987. Charles Darwin: Rhetorician of Science. In *The Rhetoric of the Human Sciences,* 69–86. *See* Nelson, Megill, and McCloskey, eds., 1987.

Carlston, Donal E. 1987. Turning Psychology on Itself: The Rhetoric of Psychology and the Psychology of Rhetoric. In *The Rhetoric of the Human Sciences,* 145–62. *See* Nelson, Megill, and McCloskey, eds., 1987.

Carus-Wilson, E. M. 1954 [1941]. An Industrial Revolution of the Thirteenth Century. *Economic History Review* 2d ser. 11 (1): 39–60. Reprinted in E. M. Carus-Wilson, ed., *Essays in Economic History,* vol. 1, 41–60. London: Edward Arnold.

Clark, Gregory. 1984. Authority and Efficiency: The Labor Market and the Managerial Revolution of the Late Nineteenth Century. *Journal of Economic History* 44 (December): 1069–83.

Clark, Tom. 1978. *The World of Damon Runyon*. NY: Harper and Row.

Coase, R. H. 1988. *The Firm, the Market and the Law*. Chicago: University of Chicago Press.

Cole, Arthur H. 1953 [1946]. An approach to the Study of Entrepreneurship. *Journal of Economic History* 6 (Supplement): 1–15. Reprinted in F. C. Lane and J. C. Riemersma, eds., *Enterprise and Secular Change: Readings in Economic History*, 181–95. Homewood, Ill.: Irwin.

Coleman, D. C. 1977. *The Economy of England 1450–1750*. Oxford: Oxford University Press.

Coleman, Donald, and Christine MacLeod. 1986. Attitudes to New Techniques: British Businessmen, 1800–1950. *Economic History Review* 2d ser. 39 (November): 588–611.

Collins, Harry. 1985. *Changing Order: Replication and Induction in Scientific Practice*. London and Beverly Hills: Sage.

Cootner, P. H., ed. 1964. *The Random Character of Stock Prices*. Cambridge, Mass.: MIT Press.

Cowles, Alfred. 1933. Can Stock Market Forecasters Forecast? *Econometrica* 1 (July): 309–24.

Crafts, N. F. R. 1977. Industrial Revolution in England and France: Some Thoughts on the Question "Why was England First?" *Economic History Review* 2d ser. 30 (August): 429–41.

———. 1984. *Economic Growth During the British Industrial Revolution*. Oxford: Oxford University Press.

Cunningham, J. V. 1976. *The Collected Essays of J. V. Cunningham*. Chicago: The Swallow Press.

Davis, Philip J., and Reuben Hersh. 1987. Rhetoric and Mathematics. In *The Rhetoric of the Human Sciences*, 53–68. *See* Nelson, Megill, and McCloskey, eds., 1987.

Defoe, Daniel. 1975 [1719]. *Robinson Crusoe*. Edited by Michael Shinagel. Norton Critical Edition. NY: Norton.

Elbaum, Bernard, and William Lazonick, eds. 1986. *The Decline of the British Economy*. NY: Oxford University Press.

Elster, Jon. 1978. *Logic and Society: Contradictions and Possible Worlds*. NY: Wiley.

Euripides. *Hecuba*. Translated by W. Arrowsmith. In *Euripides III: Four Tragedies*. Chicago: University of Chicago Press, 1958.

———. *Iphigenia in Aulis*. Translated by W. Bynner. In *Euripides IV: Four Tragedies*. Chicago: University of Chicago Press, 1958.

Fenoaltea, S. n.d. *Italian Industrial Production, 1861–1913: A Statistical Reconstruction*. Cambridge: Cambridge University Press. Forthcoming.

244

Fogel, Robert W. 1964. *Railroads and American Economic Growth: Essays in Econometric History.* Baltimore: Johns Hopkins University Press.
———. 1979. Notes on the Social Saving Controversy. *Journal of Economic History* 39 (March): 1–54.
———. 1989. *Without Consent or Contract: The Rise and Fall of American Slavery.* NY: Norton.
Frye, Northrop. 1957. *An Anatomy of Criticism.* NY: Athenaeum.
———. 1964. *The Educated Imagination.* Bloomington: Indiana University Press.
Fussell, Paul. 1979. *Poetic Meter and Poetic Form.* Rev. ed. NY: Random House.
Galison, Peter. 1987. *How Experiments End.* Chicago: University of Chicago Press.
Geertz, Clifford. 1988. *Works and Lives: The Anthropologist as Author.* Stanford: Stanford University Press.
Gergen, Kenneth J., and Mary M. Gergen. 1986. Narrative Form and the Construction of Psychological Science. In T. R. Sarbin, ed., *Narrative Psychology: The Storied Nature of Human Conduct,* 22–44. NY: Praeger.
Gerschenkron, Alexander. 1952. Economic Backwardness in Historical Perspective. Reprinted in *Economic Backwardness,* 5–30. *See* Gerschenkron 1962d.
———. 1962a. On The Concept of Continuity in History. Reprinted in *Continuity,* 11–39. *See* Gerschenkron 1968.
———. 1962b. The Typology of Industrial Development as a Tool of Analysis. Reprinted in *Continuity,* 77–97. *See* Gerschenkron 1968.
———. 1962c. The Approach to European Industrialization: A postscript. In *Economic Backwardness,* 353–66. *See* Gerschenkron 1962d.
———. 1962d. *Economic Backwardness in Historical Perspective: A Book of Essays.* Cambridge, Mass.: Harvard University Press.
———. 1965. Foreword. In Albert Fishlow, *American Railroads and the Transformation of the Ante-Bellum Economy.* Cambridge, Mass.: Harvard University Press.
———. 1968. *Continuity in History and Other Essays.* Cambridge, Mass.: Harvard University Press.
———. 1970. *Europe in the Russian Mirror: Four Lectures on Economic History.* Cambridge: Cambridge University Press.
———. 1977. *An Economic Spurt That Failed: Four Lectures in Austrian History.* Princeton: Princeton University Press.

Gibson, Walker. 1980 [1950]. Authors, Speakers, and Mock Readers. *College English* 11 (February). Reprinted in Jane P. Tompkins, ed., *Reader-Response Criticism*, 1–6. Baltimore: Johns Hopkins University Press.

Goodman, Nelson. 1965. *Fact, Fiction and Forecast*. 2d ed. Indianapolis: Bobbs-Merrill.

———. 1978. *Ways of Worldmaking*. Indianapolis: Hackett.

Gould, Stephen Jay. 1987. *Time's Arrow, Time's Cycle: Myth and Metaphor in the Discovery of Geological Time*. Cambridge, Mass.: Harvard University Press.

———. 1989. *Wonderful Life: The Burgess Shale and the Nature of History*. NY: Norton.

Greene, Thomas M. 1989. The Poetics of Discovery: A Reading of Donne's Elegy 19. *Yale Journal of Criticism* 2(2):129–43.

Haddock, David D. 1986. First Possession versus Optimal Timing: Limiting the Dissipation of Economic Value. *Washington University Law Quarterly* 64 (Fall): 775–92.

Harley, C. K. 1982. British Industrialization before 1841: Evidence of Slower Growth during the Industrial Revolution. *Journal of Economic History* 42 (June): 267–90.

Hartwell, R. M. 1967 [1965]. The Causes of the Industrial Revolution: An Essay in Methodology. *Economic History Review* 2d ser. 18 (August): 164–82. Reprinted in R. M. Hartwell, ed., *The Causes of the Industrial Revolution in England*, 53–80. London: Methuen.

Heinzelman, Kurt. 1980. *The Economics of the Imagination*. Amherst: University of Massachusetts Press.

Hexter, J. H. 1986. The Problem of Historical Knowledge. Washington University, St. Louis. Typescript.

Higgs, Robert. 1987. *Crisis and Leviathan: Critical Episodes in the Growth of American Government*. NY: Oxford University Press.

Hirschman, Albert O. 1970. The Search for Paradigms as a Hindrance to Understanding. *World Politics* 22 (March). Reprinted in P. Rabinow and W. M. Sullivan, eds., *Interpretive Social Science: A Reader*, 163–79. Berkeley and Los Angeles: University of California Press, 1979.

Hoffer, Eric. 1979. *Before the Sabbath*. NY: Harper and Row.

Iser, Wolfgang. 1980. The Interaction between Text and Reader. In Susan R. Suleiman and Inge Crosman, eds., *The Reader in the Text: Essays on Audience and Interpretation*, 106–19. Princeton: Princeton University Press, 1980.

Jonsen, Albert R., and Stephen Toulmin. 1988. *The Abuse of Casuistry: A*

History of Moral Reasoning. Berkeley and Los Angeles: University of California Press.

Keegan, John. 1978 [1976]. *The Face of Battle*. Harmondsworth, Middlesex: Penguin.

Kennedy, George A. 1984. *New Testament Interpretation through Rhetorical Criticism*. Chapel Hill: University of North Carolina Press.

Kennedy, William P. 1982. Economic Growth and Structural Change in the United Kingdom, 1870–1914. *Journal of Economic History* 42 (March): 105–14.

Kenner, Hugh. 1987. *Magic and Spells (About Curses, Charms and Riddles)*. Bennington Chapbooks in Literature, Ben Belitt Lectureship Series. Bennington, VT.

Kingsland, Sharon E. 1985. *Modeling Nature: Episodes in the History of Population Ecology*. Chicago: University of Chicago Press.

Klamer, Arjo. 1983. *Conversations with Economists: New Classical Economists and Opponents Speak Out on the Current Controversy in Macroeconomics*. Totowa, NJ: Rowman and Allanheld.

———. 1987a. As If Economists and Their Subjects Were Rational. In *Rhetoric of the Human Sciences*, 163–83. *See* Nelson, Megill, and McCloskey, eds., 1987.

———. 1987b. The Advent of Modernism in Economics. University of Iowa. Typescript.

Klamer, Arjo, Donald N. McCloskey, Robert M. Solow, eds. 1988. *The Consequences of Economic Rhetoric*. NY: Cambridge University Press.

Korner, S. 1967. Continuity. In *The Encyclopedia of Philosophy*. NY: Macmillan and Free Press.

Landau, Misia. 1987. Paradise Lost: The Theme of Terrestiality in Human Evolution. In *The Rhetoric of the Human Sciences*, 111–24. *See* Nelson, Megill, and McCloskey, eds., 1987.

Landes, David. 1969. *The Unbound Prometheus: Technological Change and Industrial Development in Western Europe from 1750 to the Present*. Cambridge: Cambridge University Press. (Reprinting with additions his book-length essay Technological Change and Development in Western Europe, 1750–1914 in *The Cambridge Economic History of Europe*, Vol. 6. Cambridge: Cambridge University Press, 1965.)

Lavoie, Don. 1985. *Rivalry and Central Planning: The Socialist Calculation Debate Reconsidered*. Cambridge: Cambridge University Press.

Lazonick, William. 1987. Stubborn Mules: Some Comments. *Economic History Review* 2d ser. 40 (February): 80–86.

Levinson, Stephen C. 1983. *Pragmatics*. Cambridge: Cambridge University Press.

Levy, David. 1989. *The Economic Ideas of Ordinary People*. Department of Economics, George Mason University. Book manuscript.

Lewis, C. S. 1962 [1939]. Buspels and Flansferes: A Semantic Nightmare. In his *Rehabilitations and Other Essays*. Reprinted in Max Black, ed., *The Importance of Language*. Englewood Cliffs, NJ: Prentice-Hall.

Lillo, George. 1952 [1731]. The London Merchant. In Ricardo Quintana ed., *Eighteenth-Century Plays*. NY: Modern Library.

Lindert, Peter H., and Keith Trace. 1971. Yardsticks for Victorian Entrepreneurs. In Donald N. McCloskey, ed., *Essays on a Mature Economy: Britain after 1840*, 239–74. London: Methuen.

McClelland, Peter D. 1975. *Causal Explanation and Model Building in History, Economics, and the New Economic History*. Ithaca: Cornell University Press.

McCloskey, D. N. 1970. Britain's Loss from Foreign Industrialization: A Provisional Estimate. *Explorations in Economic History* 8 (Winter): 141–52.

————. 1971. [with Lars G. Sandberg] From Damnation to Redemption: Judgments on the Victorian Entrepreneur. *Explorations in Economic History* 9 (Fall): 89–108.

————. 1973. *Economic Maturity and Entrepreneurial Decline: British Iron and Steel, 1870–1913*. Cambridge, Mass.: Harvard University Press.

————. 1979. No It Did Not: A Reply to Craft's Comment on "Did Victorian Britain Fail?" *Economic History Review* 2d ser. 32 (Nov): 538–41.

————. 1981. *Enterprise and Trade in Victorian Britain: Essays in Historical Economics*. London: Allen and Unwin.

————. 1985a. *The Rhetoric of Economics*. Madison: University of Wisconsin Press, in the series The Rhetoric of the Human Sciences.

————. 1985b. *The Applied Theory of Price*. NY: Macmillan.

McGrath, Francis C. 1986. *The Sensible Spirit: Walter Pater and the Modernist Paradigm*. Tampa: University of South Florida Press.

MacIntyre, Alasdair. 1981. *After Virtue*. Notre Dame, Ind.: University of Notre Dame Press.

McKeon, Richard. 1987. *Rhetoric: Essays in Invention and Discovery*. Woodbridge, Conn.: The Ox Bow Press.

McPherson, James M. 1988. *The Battle Cry of Freedom*. NY: Oxford University Press.

Maddison, Angus. 1989. *The World Economy in the Twentieth Century.* Paris: Development Centre of the Organization for Economic Co-operation and Development.

Madison, G. B. 1982. *Understanding: A Phenomenological-Pragmatic Analysis.* Westport, Conn.: Greenwood Press.

Malkiel, Burton. 1985. *A Random Walk Down Wall Street.* 4th ed. NY: Norton.

Mantoux, Paul. 1961 [1928]. *The Industrial Revolution in the Eighteenth Century.* NY: 1961.

Marshall, Alfred. 1890. *Principles of Economics.* London: Macmillan.

Martin, Wallace. 1986. *Recent Theories of Narrative.* Ithaca: Cornell University Press.

Mauss, Marcel. 1972 [1902–03]. *A General Theory of Magic.* NY: Norton.

Medawar, Peter. 1964. Is the Scientific Paper Fraudulent? *Saturday Review.* 1 August, 42–43.

Megill, Allan, and D. N. McCloskey. 1987. The Rhetoric of History. In *The Rhetoric of the Human Sciences,* 221–38. See Nelson, Megill, and McCloskey, eds., 1987.

Mill, John Stuart. 1872. *A System of Logic.* 8th ed. London: Longmans.

Mokyr, Joel, ed. 1985. *The Economics of the Industrial Revolution.* Totowa, NJ: Rowman and Allanheld.

Montague, F. C. 1900. Morality. In R. H. Palgrave, ed., *Dictionary of Political Economy.* London: Macmillan.

Moore, Ruth. 1985 [1966]. *Niels Bohr.* Cambridge: MIT Press.

Mulkay, Michael. 1985. *The Word and the World: Explorations in the Form of Sociological Analysis.* Winchester, Mass.: Allen and Unwin.

Nash, Christopher, and Martin Warner, eds. 1989. *Narrative in Culture.* London: Routledge.

Nef, J. U. 1932. *The Rise of the British Coal Industry.* 2 vols. London: Routledge.

Nelson, John, Allan Megill, and D. N. McCloskey, eds. 1987. *The Rhetoric of the Human Sciences: Language and Argument in Scholarship and Public Affairs.* Madison: University of Wisconsin Press, in the series The Rhetoric of the Human Sciences.

Nicholas, Stephen. 1982. Total Factor Productivity Growth and the Revision of Post-1870 British Economic History. *Economic History Review* 2d ser. 35 (February): 83–98.

———. 1985. British Economic Performance and Total Factor Productivity Growth, 1870–1940. *Economic History Review* 2d ser. 38 (November): 576–82.

Nye, John. 1989. Lucky Fools. Department of Economics, Washington University, St. Louis. Typescript.

Olson, Mancur. 1963. *The Economics of Wartime Shortage: A History of British Food Supply in the Napoleonic War and in World Wars I and II.* Durham: Duke University Press.

―――. 1987. Diseconomies of Scale and Development. *Cato Journal* 7 (Spring/Summer): 77–98.

Oxford. 1933. *The Oxford English Dictionary,* vol. 9, S–Soldo. Oxford: Clarendon Press.

―――. 1982. *A Supplement to the Oxford English Dictionary,* vol. 3, O–Scz. Oxford: Clarendon Press.

―――. 1989. *The Oxford English Dictionary.* 2d ed. Vol. 14, Rob–Sequyle. Oxford: Clarendon Press.

Payne, Peter. 1978. Industrial Leadership and Management in Great Britain. In P. Mathias and M. M. Postan, eds., *The Cambridge Economic History of Europe,* vol. 7, pt. 1, 180–230. Cambridge: Cambridge University Press.

Perelman, Chaim. 1982. *The Realm of Rhetoric.* Notre Dame, Ind.: University of Notre Dame Press.

Perelman, Chaim, and L. Olbrechts-Tyteca. 1969 [1958]. *The New Rhetoric: A Treatise on Argumentation.* Translated by J. Wilkinson and P. Weaver. Notre Dame, Ind.: University of Notre Dame Press.

Phillips, Susan M., and J. Richard Zecher. 1981. *The SEC and the Public Interest.* Cambridge, Mass.: MIT Press.

Plato. *Cratylus.* Translated by H. N. Fowler. Loeb Series. London and NY: Heinemann and Putnam, 1926.

Prince, Gerald. 1973. *A Grammar of Stories.* The Hague and Paris: Mouton.

Propp, Vladímir. 1968. [1928]. *Morphology of the Folktale.* 2d ed. Translated by L. Scott and L. A. Wagner. American Folklore Society. Austin: University of Texas Press.

Rabinowitz, Peter J. 1980 [1968]. "What's Hecuba to Us?" The Audience's Experience of Literary Borrowing. In Susan R. Suleiman and Inge Crosman, eds., *The Reader in the Text: Essays on Audience and Interpretation,* 241–63. Princeton: Princeton University Press.

Redlich, Fritz. 1970 [1968]. Potentialities and Pitfalls in Economic History. *Explorations in Entrepreneurial History* 2d ser. 6 (1): 93–108. Reprinted in R. L. Andreano, ed., *The New Economic History.* NY: Wiley.

Rosaldo, Renato. 1987. Where Objectivity Lies: The Rhetoric of Anthropology. In *The Rhetoric of the Human Sciences,* 87–110. *See* Nelson, Megill, and McCloskey, eds., 1987.

Rosenblatt, Louise M. 1978. *The Reader, the Text, the Poem: The Transactional Theory of the Literary Work.* Carbondale: Southern Illinois University Press.

Rostow, W. W. 1960. *The Stages of Economic Growth.* Cambridge: Cambridge University Press.

Rothenberg, Jerome, ed. 1985. *Technicians of the Sacred.* Berkeley and Los Angeles: University of California Press.

Runyon, Damon. 1958 [1933]. Money From Home. In *A Treasury of Damon Runyon,* 18–32. NY: Modern Library.

Ruthven, K. K. 1979. *Critical Assumptions.* Cambridge: Cambridge University Press.

St. Patrick (attributed). 1947 [c. 440]. Deer's Cry. In Kathleen Hoagland, ed., *1000 Years of Irish Poetry,* 12–14. NY: Devon-Adair.

Samuelson, Paul A. 1986 [1982]. Paul Cootner's Reconciliation of Economic Law with Chance. Reprinted in K. Crowley, ed., *The Collected Scientific Papers of Paul A. Samuelson,* vol. 5, 537–51. Cambridge, Mass.: MIT Press.

Sandberg, Lars G. 1974. *Lancashire in Decline: A Study in Entrepreneurship, Technology, and International Trade.* Columbus: Ohio State University Press.

Santayana, George. 1986 [1943–53]. *Persons and Places.* Vol. 1 of the Works of George Santayana. Cambridge, Mass.: MIT Press.

Sappho. Prayer to Aphrodite. In C. A. Trypanis, ed., *The Penguin Book of Greek Verse,* 144–45. London: Penguin, 1971.

Saussure, F. de. 1983 [1916]. *Course in General Linguistics.* Translated by Roy Harris. London: Duckworth.

Saxonhouse, Gary R., and Gavin Wright. 1984. New Evidence on the Stubborn English Mule and the Cotton Industry, 1878–1920. *Economic History Review* 2d ser. 37 (November): 507–20.

————. 1987. Stubborn Mules and Vertical Integration: The Disappearing Constraint? *Economic History Review* 2d ser. 40 (November): 87–94.

Scholes, Robert, and Robert Kellogg. 1966. *The Nature of Narrative.* London and NY: Oxford University Press.

Schultz, Theodore. 1988. Are University Scholars and Scientists Free Agents? *Southern Humanities Review.* 22 (Summer): 251–60.

Sellar, W. C., and R. J. Yeatman. 1931. *1066 and All That.* NY: Dutton.

Smith, Adam. 1976 [1776]. *An Inquiry into the Nature and Causes of the*

Wealth of Nations. Edited by E. Cannan. Chicago: University of Chicago Press.

Solow, Robert. 1982. Does Economics Make Progress? American Academy of Arts and Sciences, 10 May. Typescript.

Spaziani, Eugene, R. D. Watson, Mark P. Mattson, and Z.-F. Chen. 1989. Ecdysteroid Biosynthesis in the Crustacean Y-Organ and Control by an Eyestalk Neuropeptide. *Journal of Experimental Zoology* 252 (1989): 271–82.

Stevens, Wallace. 1972. *The Palm at the End of the Mind: Selected Poems and a Play*. Edited by Holly Stevens. NY: Vintage.

Tellis, Gerard J. 1988. Advertising Exposure, Loyalty and Brand Purchase: A Two-Stage Model of Choice. *Journal of Marketing Research* 15 (May): 134–144.

Theocritus. II. The Spell. In *The Greek Bucolic Poets*, 24–39. Translated by J. M. Edmonds. London and NY: Heinemann and Putnam, 1923.

Thomas, Keith. 1971. *Religion and the Decline of Magic*. NY: Scribner's.

Thurow, Lester. 1985. *The Zero-Sum Solution: Building a World-Class American Economy*. NY: Simon and Schuster.

Todorov, Tzvetan. 1973/75 [1970]. *The Fantastic: A Structural Approach to a Literary Genre*. Translated by R. Howard. Ithaca: Cornell University Press.

———. 1977 [1971]. *The Poetics of Prose*. Translated by R. Howard. Ithaca: Cornell University Press.

———. 1980 [1975]. Reading as Construction. In R. Suleiman and Inge Crosman, eds., *The Reader in the Text: Essays on Audience and Interpretation*, 67–82. Princeton: Princeton University Press.

———. 1987 (1984). *Literature and Its Theorists: A Personal View of Twentieth-Century Criticism*. Translated by C. Porter. Ithaca: Cornell University Press.

Vickers, Brian. 1988. *In Defense of Rhetoric*. Oxford: Clarendon Press.

Waring, Stephen. n.d. *Beyond Taylorism: An Intellectual History of Business Management since 1946*. Chapel Hill: University of North Carolina Press, forthcoming.

Weinberg, Steven. 1983. Beautiful Theories. Revision of the Second Annual Gordon Mills Lecture on Science and the Humanities, University of Texas, 5 April. Typescript.

Weintraub, E. Roy. 1991. *Stabilizing Dynamics: Constructing Economic Knowledge*. Cambridge: Cambridge University Press.

White, Hayden. 1973. *Metahistory: The Historical Imagination in Nineteenth-Century Europe*. Baltimore: Johns Hopkins University Press.

———. 1981. The Value of Narrativity in the Representation of Reality. In W. J. T. Mitchell, ed., *On Narrative*, 1–24. Chicago: University of Chicago Press.

Wiener, Martin. 1981. *English Culture and the Decline of the Industrial Spirit, 1850–1980*. Cambridge: Cambridge University Press.

Wilamowitz-Moellendorff, Ulrich von. 1930 [1928]. *My Recollections, 1848–1914*. Translated by G. C. Richards. London: Chatto & Windus.

Williamson, Jeffrey G. 1974. *Late Nineteenth-Century American Development: A General Equilibrium History*. Cambridge: Cambridge University Press.

Woolf, Virginia. 1953 [1925]. *The Common Reader, First Series*. NY and London: Harcourt Brace Jovanovich.

Xenophon. *Memorabilia and Oeconomicus*. Translated by E. C. Marchant. Loeb Series. London and Cambridge: Heinemann and Harvard, 1923.

Zarnowitz, Victor, and Geoffrey Moore. 1982. Sequential Signals of Recession and Recovery. *Journal of Business* 55 (January): 57–85.

译者后记

对故事的热爱是人类与生俱来的。

按照《人类简史》作者尤瓦尔·赫拉利的说法，人类之所以从地球上的众多生灵中脱颖而出，建立起我们自以为前所未有的璀璨文明，若论根本，是 Homo Sapiens（现代人）有讲故事的能力，靠虚构来建立集体想象，通过八卦来拉近个体间的距离，并以想象力的飞速发展弥补基因演化的滞后。而这种在人类之间流传的故事里最流行的一个就是 Homo Economica（经济人）的故事。

"经济人"本身是一个被创造出来的概念，就像我们创造出的神明和英雄。在亚当·斯密写下《国富论》和《道德情操论》之前，经济人就已经存在了。他们是出海贸易的商人，是街角咖啡馆的老板，是拉丁美洲种植园里的农民，是景德镇的瓷器手艺人，是中世纪的画商，是罗马帝国的面包匠，是春秋时期的盐贩子，也是为法老建设金字塔的工人。经济人的历史就是人类的历史，经济人在有文字记录之前就有了，甚至可以溯及以采猎为生的先民。只要一个人能够通过思考进行有利于提高自己幸福感的行动，不管是通过生产还是交易，通过消费还是投资，他都是经济人。甚至漂流到孤岛上的鲁滨逊，都是一个能够在捕鱼和趁着退潮到沉船中搜集物资之间进行选择的经济人。经济人是一个能够在约束条件下做出选择从而改变自身境遇的人。

而由经济人向"经济体"的转化，是一个从个体到集体，从主观价值到伪客观价值的过程，也是微观经济学向宏观经济学的退化。就像没有人能够确知某个人在某个环境某一时刻的所思所想所好一样，声称确知一个经济体（一个国家、区域、城市、区县、村镇等）在某一时刻的经济表现，无异于看茶杯里的茶梗预测未来，或者通过读塔罗牌确认一种命运。至于在做出这种解读之后，同时提出某种"药方"，或者"治愈""修好"经济问题的"办法""解决方案"，那简直是我们所惯见的经济学专家兜售"万金油"的典型了。经济学作为一门科学，往往不得已披上我们在自然科学中常见的"科学性"——实验、数据、量化、对比的伪装，而日渐丧失其与生俱来的叙述性的魅力。

这样做带来的灾难性后果，不仅体现在很多经济学家以物理学和数学的工具去"建构"用来解释经济现象的模型，还体现在经济学陷入与其他社会科学进行量化竞赛上，沦为统计学的附庸。而一旦经济学脱离了经济人的个体而存在，像计划经济那样的迷思和悲剧，就有了卷土重来的可能。让我们像经济学那样，幻想一个这样"完美的"世界：在这个世界里，每个人的基本信息都被收集起来集中处理，而先进的科技借助同样先进的基础设施，让我们每个人的选择不仅可以被理解，还可以被预测。于是，这样的世界突然有了一个集体的"神经中枢"，它不仅处理每个人的日常选择，还能够预知特定人类群体的集体选择。最终，市场消失了，个体之间的交易成了"神经中枢"像预测天气那样早就计算出来的结果，事件的先后顺序变得无关紧要，而供给与需求的铁律也得到了完美的践行。这样的故事多美好呀！简直是我们时代的"创世纪"和"福音书"！

然而，计划经济所标榜的完美供需关系却在个体层面不堪一击，原因正是经济人在这样一个完美世界中不仅是不合时宜的，而且是不能被容许的。经济人是自由的。尽管他受到"稀缺"的局限，不可能不考虑资源的有限，或者自己精力和时间的有限，但他在经济事务上的选择权始终是个人权利的一部分，既受到法律的保护，又受到群体达成共识的道德的认可。而这是一个存在"神经中枢"的体制所不能准许的权利，所不可能纵容的自由。

可悲的是，完美世界的塞壬女妖正诱惑着越来越多的年轻人，科技带来的便利让我们开始奢望在经济事务上个人选择也应该被科技一劳永逸地替代。这是一个反自由的经济故事，其中的主角是我们每一个生活在这个时代的人，而故事的主线则是对个人权利和个人选择捉摸不定的态度。至于故事的结局，则取决于我们作为人和经济人所具备的各种特质的共同作用，这些特质包括责任心、欲望、对自由的追求、规则、公正、对幸福感的态度等等。

经济学家讲故事是十分有悖于我们的所见所想的，似乎这样的说法会剥掉笼罩在经济学家身上的尊贵，而这却是不争的事实。他们讲的故事有好有坏，而烂故事则会造成破坏性的后果。如何甄别这些故事既是一个认知问题，一个政治问题，也是一个道德问题。一个简单的判断依据就是哪些故事以个人为中心，以自由为中心，以人的幸福感为中心。

有的书籍改变我们对世界的理解，而《如果你那么聪明：经济学家的叙事》（*If You Are So Smart*）这本书则改变了我们理解世界的方式，带来更基础的认知变革。这本小书并不能体现麦克洛斯基（McCloskey）教授的宏大抱负，但却是她以平易风格为我们的经济学认知做出的正本清源的努力。我曾建议本书编辑佳楠在腰封上写上"怎样赚到五百万"，以迎合我们这种不成熟的市场经济中追逐财富的读者的兴趣。这本小书其实是对经济人的一个简短介绍，是从人的角度看待世界、以个体的身份理解经济事务并以理性人的方式去做选择的一份指南。它不会教你怎么赚到五百万，却会告诉你怎样避免蒙受五百万的损失；它不屑于为各种复杂难懂的经济学模型做阐释，却告诉所有对经济学感兴趣的人什么才是真正的经济学；它也不是一本高深古板的教科书，却教给你教科书往往掩盖太深的经济学直觉。

我拿到这本书的时候，我的女儿小花生刚刚降临人间。2018 年，在大加那利群岛（Gran Canaria）上，我带她第一次见到 McCloskey 教授。我告诉小花生，她长大要学习"这种"经济学。小花生从出生就喜欢听音乐和故事，像是在自觉地接受人类知识代际传播中最重要的思想框架的建设。她现在两岁半多，最喜欢的是"沉睡公主"的故事，故事里有鲜活的角色在做各种选择，而她也将学会如何去做选择。

McCloskey 教授是当代经济学翘楚，也是影响深远的人文学者。当得知我翻译了这本书后，她热情地拥抱了我，并感谢我为传播她的作品所做的一切。而我对她讲，这都有赖于本书的编辑李佳楠。如果没有佳楠，这本译作面世的时间要更晚。是佳楠的勤奋和认真，让这本书以现在的形态面对中国读者。当然，书中遗留的错漏，是我作为译者由于知识和理解的不足导致的，欢迎大家指正。

——马俊杰